ちくま学芸文庫

宗教の理論

ジョルジュ・バタイユ
湯浅博雄 訳

筑摩書房

目次

第二部　理性の限界内における宗教（軍事秩序から産業発展へ）

宗教の理論

それ自身によってそれ自身へと、認識（真正な）のうちに啓示された〈存在〉を、ある「主体」へと啓示される一個の「客体」に変えるのは、すなわちその客体とは異なり、その客体に対立しているような一個の主体によって、その「主体」へと啓示されるある「客体」へと変化させるのは、〈欲望〉である。人間は「彼の」欲望のうちに、かつ欲望によって、あるいはむしろその欲望として――自分自身に対しても、また他者に対しても――、自らを一個の〈自己〉として、すなわち〈非‐自己〉とは本質的に異なっており、かつ根底的にそれと対立するような〈自己〉として構成し、啓示するのである。〈自己〉（人間的な）とは、一個の〈欲望〉の――あるいは〈欲望〉そのものの――〈自己〉である。

人間の〈存在〉そのもの、つまり自己を意識している存在とは、したがって〈欲望〉を当然のものとして含んでおり、またその前提として仮定している。だから人間的現実とは一つの生物学的現実の内部、また動物的な生の内部においてしか構成されず、維持されることはできないのである。しかし動物的な〈欲望〉が〈自己意識〉の必要な条件であるとしても、それはその十分な条件ではない。この欲望はそれだけでは、〈自己感情〉しか構成しないのである。

人間を受動的な平静さ《キエチユード》の内に維持する認識とは反対に、〈欲望〉は人間を不安《アンキエ》にし、行動するように促進する。行動はこうして〈欲望〉から生まれたものであるから、それを充足させようとする傾向を持つけれども、行動がその充足をなし遂げることが可能なのは、その欲望の対象を「否定」すること、それを破壊するか、あるいは少なくともそれを変化させることによる以外ない。たとえば飢えを充足させるためには、食料となるものを破壊するか、あるいは変化させる必要がある。このように全て行動というものは、「否定的」に作用するのである。

アレクサンドル・コジェーヴ『ヘーゲル読解入門』

本書はどこに位置づけられるか

ある一つの思想の基礎的な土台は他者の思想なのであって、思想とは壁の中にセメントで塗り込められた煉瓦なのである。もし思索をめぐらす存在が自己自身を振り返ってみるときに、一つの自由な煉瓦を見るだけで、この自由という外見を手にするためにその煉瓦がどれほど高い代価を支払っているかを見ないとすれば、それは思想によく似てはいるがその擬《まが》い物にしか過ぎないのである。なぜなら彼は手を加えられぬまま放置されている空地とか、残骸や破片の山積みを見ようとしないのだから。しかし実は彼は、臆病な虚栄心のせいで、その自分の煉瓦を後生大事に手にしたまま、そのような空地や残骸の山に遺棄されているのである。

寄せ集め、組み立てる煉瓦職人の仕事こそ、最も必要なものである。だから一巻の書物の内で、隣接するさまざまな煉瓦のほうが新しい煉瓦よりも、つまりその本がそうである新しい煉瓦よりも見えにくいということは、あるべきではない。読者に提案されているものは、実際一つの要素ではありえず、それがそこに挿入されているような総体である。つまりそれは人間の手によって集められ、組み立てられた集合体であり、建造物である。そしてそれらはただ単に破片の山積みであることはありえず、〈自己意識〉なのである。
ある意味で、際限のない組立ては不可能なことである。息切れしてしまわないためには、勇気と執拗な粘りが必要だろう。なにかというと、独自の意見という影を追い求めるせいで、思考の開かれ、非個人化した運動という獲物を手放してしまいそうになる誘惑にかられやすいのである。むろん独自の意見もまた組立てが深い地点においてそうであること、つまり不可能なことを啓示する最も手短な手段である。しかしそうした深い意味をこの独自の意見が持ちうるのは、ひとえにそれがそのことをよく意識していないという条件においてのみなのである。

このような無力さが、可能性の一つの頂点を定義している。というか少なくとも不可能性についての意識こそが、意識にとって映し出すことが可能である全てのものへと意識を開くのである。この集合地点で、つまりそこでは激烈な力が猛威をふるっているこの再集合の場において、固まったまとまりの範囲内で内省する人間は、そういう固まったまとまりを逃れ去るものの極限に至って、以後もはや〈彼〉がいるような場所はないということに気づくのである。

緒言

この『宗教の理論』は、一つの完成した仕事ならばそうなるはずのものの素描《エスキス》である。私はある運動性に富む思想を、その最終的な状態を求めることなく表現しようと試みたのである。(*1)

一つの思想・哲学は首尾一貫した総体としてあるか、さもなければ存在しないかのどちらかであるが、しかしそれは個々人を表現しているのであって、解消されることのない人類を表現しているのではない。したがって当然哲学は、人間の思想界において次々と後に続くはずの諸発展に、ある種の開口部を維持しておかねばならない……思想のそうした展開において、思索を行う人々がもしその他なるものを、すなわち彼らがそうでないものを拒み、投げ棄てるとすれば、その限りにおいて彼らは既に一般的に忘れ去られるよう定められ、そういう忘却に沈み込んでいるのである。一つの哲学はけっして一軒の家ではなく、ある作業場なのである。しかしながら哲学の未完了とは、学問=科学のそれとは違う。科学は多数の完了している部分たちを練り上げるのであって、その総体のみがすきまや空白を示すのである。これに対し哲学はその凝集への努力において、未完了はなにも思想の欠落や空隙に限られているわけではない。あらゆる点に関して、また各々の点において、最終状態が不可能なのである。

この不可能性という原則は、打ち消しがたく散見される論述の不十分さを弁解しているわけではないのであって、それはどんな真正の哲学をも限界づけているものなのである。科学者とは待つことを受け入れる人間である。思想家・哲学者も待つけれども、権利上は彼はそうすることはできない。そもそも初めから哲学は、ある一つの分解できないような要請に応えているのであるから。誰ひとりとして、哲学が提起する問いに対する応答と独立して「存在する」ことはできない。したがって哲学者の応えは、ある一つの哲学を練り上げる以前に必然的に与えられているのであり、かりにその応えが練成される過程のうちで変化したり、ときにはその練成の結果のせいで変化するとしても、権利上はその応えはそうした結果などに服従することはできないのである。哲学の応えは、哲学的な作業や探索の結果ではありえない。そしてもしその応えが恣意的ではないことがありうるとすれば、それはそもそも初めから次のことを所与のものとして前提にしているのである。すなわち個人的な立場をとりわけて重んじたりしないことであり、また思想が運動性に富むということ、つまりその思想以前の、あるいはそれ以後の全ての運動に思想が開かれ、きわめて可動的であるということである。その上さらに所与として前提にしているのは、思想がけっして自己満足しないことや未完了であることが、そもそも最初から応えに結びつけられていること、というかむしろ応えと同質で不可分のものとしてあることである。

こう見てくると、究明せんとする活動をその直接的な諸可能性の極限まで追求しないではは済ませないのはむろんとして、それでもけっして与えられない最終状態を求めないでおくということは、誠実な行為である。すでに知られた諸領域で動いている一つの思想を、練り上げられた認識のレヴェルまで引き上げることは、おそらく必要なことである。そしていずれにせよ応えそれ自身は、事実上は知的に発達した人間の応えであるときにしか意味を持たない。しかしながらもしこれらの条件のうちの第二の条件のほうが前もって充たされねばならないとしたら、誰ひとりとしておよそにしか第一の条件に応えることはできないのである。というのも思想の移動する領域を、もし科学者がそうするようなやり方で枠づけられた範囲に限定したりしないとすれば、誰であれ獲得されたさまざまな認識を十全に同化し、吸収することは不可能であろうと思われるから。このことは思想の本質的な未完了に、事実として避けようのない未完了を付け加える。それゆえ厳密に考えれば考えるほど、ひとはこれらの条件をはっきり強調される仕方で承認するということが、求められているのである。

これらの原則は、今日世人が同意によってではないにしても、少なくとも好奇心とともに迎え入れている哲学する様式というものからは随分かけ離れている。むしろこうした原則は、個人とか、個人の孤絶性とかいうことに堅く結びついた近代の執拗な主張に、強く対立してさえいるのである。個人の思想というものはありえないし、また思想の実践的営為は個人的なパースペクティヴを拒むこと以外の出口を持つこともありえない。哲学というイデーそのものに、ある一つの原初的な問いが、すなわちいかにして人間的な情況から外へ出るのかという問いが結ばれている。いかにして、必要性による行動に服従している思考、有用な区切りを立てるよう定められている反省的思考から、自己意識へと、すなわち本質なき――が、意識的な――存在の意識へと横滑りしていくのか、という問いが結ばれているのである。

不可避なものとしてある未完了は、一つの運動である応えを、――たとえそれがある意味で応えの不在であるにせよ、運動である応えを――いかなる割合においても鈍らせたり、緩慢にしたりすることはない。それどころか未完了は、その応えに不可能なことの叫びという真実を授けるのである。この『宗教の理論』が衝こうとする背理《パラドックス》、すなわち個人を「事物」にし、さらにまた内奥性の拒否としてしまうこの根本的な背理は、おそらくある一つの無力さを明るみに出すであろうが、この無力さの叫びこそ最も深奥にある沈黙への前奏曲となるのである。(＊2)

第一部

基本的資料

I　動物性

1　食べる動物と食べられる動物の内在性

私は動物性をある限られた狭い視点から考察する。その視点は議論の余地を残しているように思われるが、その持つ意味は本稿の展開とともに現われてくるであろう。この視点からすると動物性は直接＝無媒介＝即時性《イメディアトウテ》であり、あるいは内在性である。

動物がその環界に対して内在性としてあることは、ある明確な情況の内に与えられており、その重要性は根本的なものである。私は何かにつけてそのことを引き合いに出すことはしないけれども、それを視野から失うことはありえまい。本論考の終末部に至ると、まさしくこの出発点に戻ることになるであろうから。その情況とは、ある動物が他の動物を食べるときに与えられている。

ある動物がなにか他の動物を食べるときに与えられるのは、いつでも食べる動物の同類である。この意味で私は、内在性と言うのである。

つまりそれとして認識された一個の同類が問題になるのではないのだ。食べる動物は、食べられる動物に対して超越性としてあるのではない。おそらくそこにはある相違はあるのだけれども、他の動物を食べるこの動物が、その相違《ディフェランス》をはっきり肯定しながらその他の動物に対立するということはありえないのである。

ある種類の動物たちは、お互いに共食いすることはない……。なるほどそれは正しいけれども、大鷹が雌鶏を食べる場合に、われわれがある物＝客体《オブジェ》をわれわれ自身から区別するのと同じような仕方で、大鷹がその雌鶏を自分自身から明確に区別しているのでないとすれば、それはたいした重要さを持たない。そういう区別がなされるためには、物＝客体がそれとして定置されることが求められる。もし物＝客体が定置されていないならば、捕捉しうる差異は存在しないのである。別の動物によって食べられるその動物は、まだ客体＝対象《オブジェ》として与えられていない。食べられる動物と食べる動物との間には、ある客体を、ある事物《ショーズ》を、人間に——むろんのこと自分が一個の事物のごとくみなされることを拒む人間に縛りつけるような従属の関係はないのである。動物にとっては、時間の軸に沿ってずっと与えられているものはなにもない。物＝客体が時間の内に、つまりその持続がそこにおいて捕捉されうるような時間の内に存在するのは、われわれが人間としてあることによるのであり、ちょうどまさしくその度合に応じてそうなのである。ところが反対に、別の動物によって食べられる動物は持続に至る手前に与えられており、それは消費され、破壊されるけれどもそうした動物の消滅とは、いま現在の時間の外にはなにものも定置されていないような一世界の内における消滅に過ぎないのである。

動物の生においては、主人とその命令下にある奴隷という関係を導入するものはなにもなく、また一方に独立を、そして他方に従属をうち立てるようなものもなにもない。動物たちはお互いに食べ合うのであるから、その力は同等ではないけれども、彼らの間にはこうした量的な差異以外のものはけっしてないのである。ライオンは百獣の王ではない。それは水流の動きの内で、比較的弱小な他の波たちを打ち倒すより高い波にしか過ぎない。

ある動物が他の動物を食べるということは、根本的な情況を変えるものではまずないのである。全て動物は、世界の内にちょうど水の中に水があるように存在している。もっとも動物的な情況の内にも、人間的な情況の基本要素があることは確かである。かりにどうしてもそうする必要があるとしたら、動物も一個の主体とみなされ、それに対し世界の他の部分は客体とみなされうるかもしれない。しかしながら動物が自分自身をそう眺める可能性は、けっして彼には与えられていない。そのような情況を構成するさまざまな基本要素は、人間の知力によって捕捉されることはありうるけれども、動物がそれらを理解し、具現することはありえないのである。

2 動物の依存と独立

動物が植物と同じように、世界の他の部分に対して独立性を持たないというのは真実である。ところで窒素の原子とか金の原子、また水の分子などは、それらを取り囲むもののうちなんであれ必要不可欠とすることなどなしに存在している。つまりそれらは完璧な内在性の状態にとどまっているのである。ある原子の他の一個の原子に対する、あるいは他の多くの原子に対する内在的な関係においては、一つの必要性が問題となることはけっしてないし、またもっと一般的に言ってなにものもけっして重要な問題とはなりえないのである。これに対し、世界の内における生命有機体の内在性は随分異なっている。すなわち一個の有機体は自分の周囲に（自分の外部に）、自分にとって内在的であるような諸要素を捜し求め、そしてそれらと内在性の諸関係をうち立てねばならない（そういう関係を相対的に安定させねばならない）。だからもうすでにこうした有機体は、もはや完全には水の中の水のようには存在しないのである。あるいはもしこういう言い方をするとすれば、それは自分に養分を摂取するという条件が充たされた場合にのみ、水の中の水のようにありうる。さもないとこの有機体は病み衰え、死んでしまうからである。つまり有機的な生命がそうであるようなタイプの外から内への、また内から外への流動（外と内の内在性）は、ある一定の諸条件が充たされたときにしか持続できないのである。

また他方から考えてみると、一個の有機体は自分と類似し、同種であるような諸々のプロセスから分離しており、各々の有機体はさまざまな他の有機体たちから切り離されている。この意味で有機的な生命は、世界と結ぶ深い関係を強調すると同時に、それとは反対に植物や動物を世界から引き出し、単独化させる。理論的に言えばこうした植物や動物は、もし栄養摂取という根本的な結びつきを別にするとすれば、独立した諸世界として考察されうるのである。(*3)

3 動物性の詩的な虚偽

実のところわれわれがそこから出てきたこの動物の生ほど、われわれにとって閉ざされ、よくわからぬものはないのである。沈黙した宇宙のただなかにおける地球というものほど、つまり人間が事物たちに与える意味も持たないし、またわれわれが事物たちを、それを映し出す一個の意識というものなしに想像しようとする場合に、事物たちがそうであるような非‐意味も持たない地球ほどわれわれの思考様式に馴染まぬ、異質なものはない。実際われわれは、意識なしには、事物たちをけっして恣意的にしか思い描くことはできないのである。なぜならわれわれとか、思い描くとかいうことは、その論理的な帰結として意識を、われわれの意識を含んでいるから。つまりそれらの現前性に消し去りがたく密着しているのであるから。この密着は脆いものだと言うことも、おそらくできるだろう。というのは、われわれがいつかはわからぬにせよある日、最終的にそこに存在することを止めるだろうという意味においてである。しかしもし私の意識が消滅したとして、その私の意識に代わるある一個の意識において以外に、事物が出現するということはけっして考えられないのである。これはある大まかな真実にしか過ぎないけれども、われわれの意識へと至る途上にある動物の生は、もっと困惑させるような謎をわれわれに投げかける。人間のいない宇宙を想像してみると、つまりそこでは事物の前に開かれているのは動物の眼差しだけであるような宇宙を思い描いてみると、動物は一個の事物でも人間でもないのであるから、われわれとしては、そこにおいてはわれわれはなにものも見ないような一つのヴィジョンを呼び起してみる以外ないだろう。なぜならこのヴィジョンの対象は、ある種の横滑りにしか過ぎないのだから。すなわちもし事物たちがそれだけで存在するとすれば意味というものを持たないが、そういう事物たちから発して、諸々の意味に充ちた世界へと、つまり各々の事物に彼の意味を与える人間が論理的な帰結として含み、予想しているような世界へと向かう横滑りなのであるから。(＊4) したがってわれわれはこのような対象を、明確な様式で記述することはできない。というかむしろそれについて語る適正な様式とは、公然と詩的な様式である以外ありえないのである。なぜかと言えば、詩が記述するものはなにであれ、認識しようのないものへと横滑りしていかないようなものはけっしてない、という意味で詩的な様式と言うのである。われわれは過去についても、一つの現在について語るかのように虚構的に語ることがありうるが、ちょうどまさしくそうすることが可能である度合に応じてわれわれはついには先史時代の動物についても、そしてまた植物、岩石、河川・湖沼などについても、まるで事物について語るかのように語ることになるであろう。が、しかしこうした諸条件に縛りつけられている一つの風景を記述するということは、それがある種の詩的な跳躍でない限り、愚行に過ぎない。なぜならそこに見開かれていた双眸が、その眺めていたものを把握していなかったような世界、そこでは真実のところ眼は、われわれの尺度に釣合うほどには見ることがなかったような世界においては、風景はなかったからである。そしてもしいま私が、私の精神の無秩序のうちに、このようなヴィジョンの不在を動物さながら愚かしく凝視しながら、「ヴィジョンもなかったし、なにもなかった――ある空虚な陶酔があるだけで、恐怖、苦痛、死がその陶酔の極限を示しており、そしてまたその陶酔にある種の厚みを与えているのだった……」と語り始めるとしたら、私は詩が有する力を濫用ぎみに抽き出しているに他ならず、少しも知的に了解できないせいで無《リアン》でしかないものの代りに、判明に区切られていない閃光を代置しているのである。私にはよくわかっていることだが、精神はある魅惑的な光背で自分を包んでくれる閃光を、すなわち語たちが放つ閃光をなしですませるわけにはいかないだろう。それは精神の豊かさであり、栄光である。そして至高性の徴しでもある。ただしそのような詩とは、そこを通って人間が、意味というものの充満している一世界から、諸々の意味が、あるいは全て意味というものがばらばらに分解することへと至る道である以外ないのである。そういう脱臼や解体にまで到達することが不可避であると、ただちに判明するような道程である他ないのである。人間の眼差しなしに考察された事物たちの不条理性と、動物がそのただなかに現前している事物たちのそれとの間には、ただ一つの相違しかない。つまり前者は一見すると厳密科学が行うような還元をまず提起するように思えるのに対し、後者は詩がそうであるような、鳥もちさながら粘りつく誘惑へとわれわれを委ねるのである。なぜなら動物はただ単に事物であるということはありえないので、われわれにとって閉ざされ、浸透不可能というわけではないからである。動物は私の眼前に、私を魅惑して惹きつけるような、そして私にとって慣れ親しい深淵を開く。この深淵を、ある意味で私は知っている。

それは私の深淵だからである。また同時にそれは私にとって最も遠い彼方に隠されているものであり、まさしく私から逃れ去るものという意味で、ある深淵の名にふさわしいものでもある。しかしまたそれは詩でもあるのだ……私は動物の内に一個の事物を見ることも、またありうるが、ちょうどまさにそれが可能な度合に応じて（たとえばもし私がそれを食べるとしたら――それは私の様式によって食べるのであって、他の動物がそれを食べる様式とは異なっている――、あるいはそれを飼い馴したり、科学研究の対象として扱うとしたら）、その不条理さは石ころや大気のそれに劣らぬほど狭く限られたもの（というか、卑近なもの）にしか過ぎなくなるが、それでも動物はわれわれが事物たちに付与するような類の下位的な現実にまで還元されてしまうとは限らないし、また完全にそうなることはけっしてないのである。なにかしら甘美なもの、秘められて痛々しいものに促されて、われわれの内部でいつも目覚めている内奥的な光明が、こうした動物的な暗闇の底を照し出すまで伸びていくのである。結局のところ私があくまで主張しうることは、ここで述べられたような視野、私を夜の内に沈潜させ、私の眼を眩惑するこのような視野は、私を次のような瞬間へと接近させる、ということだけである。すなわち私にとってはそれはもう疑問の余地がないことなのだが、意識の判明に区切られた明晰さのために、私がこの知りようのない真実から遠ざけられてしまう瞬間、つまり私自身から世界へと、私の眼前に出現するや否や逃れ去るこの認識しようのない真実から、ついに最も遠ざけられてしまう瞬間があるのだけれども、そのような瞬間に逆向きに接近可能にするということだけなのである。

4　動物は世界の内に水の中に水があるように存在している

この認識しようのないものについては、私はまた後で語ることになろう。当面のところ私は、経験の面の上に判明かつ明晰に現われるものを、詩的な眩惑から切り離す必要があったのである。

動物的世界は、内在性と直接＝無媒介＝即時性の世界であると私は言うことができた。それはどういうことかと言うと、この世界はわれわれにとっては閉じられているように思えるということ、そしてわれわれはその世界の内に自分で自分を超越する能力を見分けることができないのであるが、まさしくそういう力を認めることができない程度にちょうど応じるような形で、その世界はわれわれにとって閉じられているということである。このような真実は否定形による消極的なものであって、おそらくわれわれは絶対的にそれを確証することはできないであろう。動物にはこの自己超越の能力の胚芽があると想像することは、われわれにも最小限できるけれども、その能力を十分明確に見分けることはできないのである。かりにそういう胚芽的な素質や性向の研究が遂行されうるとしても、それによって内在性としての動物性という見方を廃棄するようなパースペクティヴが生じてくることはあるまい。その見方は、われわれにとっては回避しがたいものとして残るだろう。事物たちの、意識に対する超越性（あるいは意識の、事物たちに対する超越性）が現われるのは、ひとえに人間的なものという諸々の限界内においてのみなのである。超越性とは実際、もしそれが胚芽的なものなら、もし固体がそうであるように構成されていないなら、つまりある一定の条件が充たされると確固・不変なものとして構成されるというのでないとしたら、なにものでもないのである。事実われわれは、凝固状態にはあってもそれが不安定で定まらないものならば、それの上にそれを基礎として自己を確立することは不可能なのであって、だからこそわれわれとしては動物性を、外部から、超越性の不在という様相の下に眺める以外ないのである。われわれの眼前では、不可避的に動物は、世界の内に水の中に水があるように存在している。

　動物はさまざまな情況に応じて、さまざまな行動をとる。これらの行動が、動物たちの間で区別をする可能性の出発点になるのだが、しかし区別するためには判明に区切られるようになった物＝客体の超越性が与えられる必要があるだろう。動物の行動が多様であるといっても、それはさまざまな情況の間ではっきり意識された区別を確立しているということではない。同一種に属する同類を共食いしない動物はたしかにいるけれども、そうかといってその同類をそれとして識別する能力を持っているわけではないのである。したがってある新しい情況、たとえばそこでは規定の行動がただちに始動されることのないような情況がおこると、その動物はある妨げを取り除いたという意識すらなしに妨げを破ることが十分ありうる。一匹の狼が他の狼を食べるからといって、その狼は、通例として狼は互いに共食いはしないという法則を破るのだと言うことはできないのである。その狼は法則を侵害するのではなくて、ただ単にそうした法則がもはや作用しないような事情にたち至ったというだけのことである。とにかく狼にとっては、そんな事情があるにもかかわらず、彼自身と世界との連続性が存在しているのである。狼の眼前には、彼を魅惑して惹きつけるさまざまな姿が現われたり、あるいはまた不安にして怯えさせるいろいろな姿が現われたりする。そしてまた出現する他の諸々の姿は、同一種に属する個体たちに対応せず、いろいろな食物や獲物に対応するのでもなく、なにであれ惹きつけるもの、あるいは嫌悪感をそそるものなどにはまったく対応しないということもある。するとそうしたものは、それ以降意味を持たない、というかなにか別のものの徴しとして意味を持つことになるのである。こうした一つの連続性を断ち切りに来るようなものはなにもない。その連続性においては、恐怖そのものでさえも、死んでしまう以前に判明に区切られるようなものはなにひとつ告げることはないのである。利害の対立から生じる闘争も、まだある痙攣的な出来事に過ぎないのであって、そこではさまざまな刺激に対する不可避的な反応という過程の間から、首尾一貫するものではないいろいろな影の輪郭が浮き出てくるだけである。競争相手を打ち倒した動物は、その相手の死を、勝利の振舞い方を示す人間が相手の死を摑むようには捕捉していないというのは、その競争相手が連続性を断ち切っていなかったからであり、だからまたその死が連続性を再びうち立てるということもないからである。その連続性は疑問視されて亀裂を生じていたのではなく、ただ二つの存在たちの欲望が同一であったために、その二つの存在が対立し、死に至るまで闘争しただけであったのである。そうした闘争の後で動物の眼差しが示している無感動・無関心は、まさに本質的に世界と等質な実存の徴しである。そのような実存様式にある生は、世界の内でまさしく水の中にある水のように動いているのである。

II　人間性と俗なる世界の形成

当面のところ前章で述べたことにもっと堅固な基盤を与える試みは、止めておこう。いま述べたことがその当然の帰結として含むのは、知性がその専門外の分野に嘴をはさむこと、つまり少なくとも自分の特権的活動領域である非連続の領域の外まで、一時的にせよ侵入するということである。ここではもうこれ以上待たないで、われわれがそれこそ自らの基礎であると信頼し、当てにしているあの確固とした環界のほうへ話を移したいと思う。

1　物＝客体の定置、道具

物《オブジェ》＝客体をそれとして位置づけることは、動物性においては与えられていないのだが、人間がいろいろな道具を使用するということのうちに与えられるのである。少なくともももし中間項としての道具が、その狙う結果にうまく適応するようになっていくとすれば――そしてもしその道具を用いる人間がそうした道具に磨きをかけ、仕上げていくとすれば、そうなるのである。道具はその目的を目ざして練り上げられていくけれども、ちょうどまさにその過程が進行していく度合に応じて、意識はそれを物＝客体として、判明に区切られていない連続性における中断として定置していく。練り上げられた道具は、非‐自己の生まれつつある形態である。

道具はある一つの世界の内に、外部性というものを導入する。つまり主体はそこでは自らが区別している諸要素の性質を分かち持ち、また世界の性質を分有しつつ、「ちょうど水が水の中にあるように」とどまっている世界の内に、外部性を導き入れるのである。主体がそれに参入している（融即している）ような要素――世界、個々の動物とか植物など――は、主体に従属していない（同様にただちに言えるとおり、主体は自らがそれに参入している要素に従属させられることもありえない）。ところが道具は、それを使用する人間に、つまりある一定の結果を目ざしてその道具を意のままに作り変えることができる人間に従属しているのである。

道具は――主体とか世界などが、あるいは主体や世界と同じ意味のある諸要素がそうであるようには――、それ自体のうちに価値を持つことはなく、もっぱらある見積られ、当てにされた結果との関係においてのみ価値を持つのである。その道具を作るために経過した時間が直接にその道具の有用性を位置づけ、ある目的を目ざしてそれを使用する者への従属を、さらにはその目的への従属を措定する。それと同時にそうした時間は、目的と手段との明確な区別を定めるのであるが、道具が出現することによって定義された面そのものの上にその区別を位置づけるのである。こうして不幸なことに、目的は手段の面の上に与えられ、つまりは有用性の面の上に与えられる。ここには言語《ランガージュ》の作用が真姿を歪め、収差をつけて惑わしてしまうという場合の最も顕著で、重大な例のひとつが認められるのである。ある一つの道具を使用するということの目的は、いつでもその道具を使用することと同じ意味を持っている。そしてその目的に、今度は何に役立つかという有用性が指し示され――以下同様に次々と同じことがおこるのである。長い棒切れは地面を掘り返すが、その目的は植物の生長を保証するためである。その植物が栽培され、生長するのは、食べられるためである。植物が食料として食べられるのは、それを栽培する人間の生命を維持するためである……。こうした無限に続く送り返しという不条理さをよく考慮することによってのみ、真の目的＝究極という不条理さ、つまりなにものにも役に立つはずのないほんとうの目的＝究極というそれに勝るとも劣らぬ不条理さが、もっともなものとして首肯されるのである。「真の目的＝究極」というものが再導入するのは、水の中において水がそうであるように、世界の内に消失した、連続した存在である。もしそうではなくて、道具がそうであるのと同じように明確に区切られた存在が問題となるのならば、その存在の意味は有用性の面の上に、道具の面の上に求められるべきであろうし、それはもはや「真の目的＝究極」ではないであろう。諸々の存在たちがそこでは判明に区切られずに消失しているような世界のみが、なんの必要性もない余剰であり、なにものにも役に立たず、なすべきことはなにもなく、なにも意味しないのである。そうした世界だけがそれ自体において価値を持つと言えるのであり、なにか他のもののために価値を持つのではなく、そしてまたこの他のものがさらに別のなにものかのために価値を持ち、次々と以下同じように続くという在り方と無縁なのである。

　これとは逆に物＝客体は、判明に区切られていない連続性を断ち切る意味を持つ。全て存在するものの内在性、あるいは流動に――それを超越するから――対立する意味を持つのである。それは主体に対して、そしてまだ内在性の内に沈潜している自我に対して、厳密に疎遠なものである。それは主体の所有物であり、事物《ショーズ》であるが、そうはいっても主体はその中へと浸透することは不可能なものである。

　主体が物＝客体について有する完璧な認識――完了した、明晰かつ判明な知識――は、まったく外的であり、それはその物＝客体を製作する行為に結ばれているものである。[5] つまり私は自分が作った物＝客体がなにであるか知っており、私はそれと同類の他のものも作ることができる。しかし私は時計職人が腕時計を作るようには（あるいは旧石器時代の人間が、尖った石片の刀を作ったようには）、私と同類の存在を作ることはできないだろう。そして私は事実として、自分がそうであるところの存在がなにであるかを知らない。また同様にこの世界がなにであるかも知らず、どんな仕方にせよもう一つ別のこの世界を作ることはできないであろう。

いま述べたような外的な認識はおそらく表面的なものであるけれども、そういう認識によって決定される物＝客体たちと人間との間の距離を減少させる能力を持つのは、それだけなのである。そのような認識はこれらの物＝客体たちを、なるほどそれらはわれわれにとって閉じられたままではあるにしても、われわれに最も近く、最も親密なものとするのである。

2　内在的な諸要素を物＝客体の面の上へ定置すること

外から明晰かつ判明に認識される物＝客体を定置するということは、一般的に物＝客体たちの領野を、そのような一世界、一つの面を定義することになる。そしてそういう面の上に、原則として同じような様式では認識しえないものまでをも、外見上は少なくとも明晰かつ判明に位置づけることが可能になるのである。したがって安定し、単一な事物たち、製作することのできる事物たちを決定したことによって人間は、そういう事物が現われた面の上に、それにもかかわらず世界の連続性の内にあり、とどまっていた諸要素、つまり動物や植物、他の人間たち、そして最終的には決定を下す主体それ自身といった諸要素を、まるでそれらが長い棒切れや裁断された石片と同列に比較されるかのように定めることになったのである。それが意味することは、別様に言いかえるとすれば、われわれは自分自身を外から一個の他者として認める《アペルスヴォワール》〔統覚する〕ことができるようになった日に、初めて自分自身を判明かつ明晰に認識するのだということである。さらにまたそれには条件がある。つまりわれわれが他（者）を、製作された事物たちがわれわれにとって判明に現われた面の上で、まずはっきりと見分けているという条件が充たされていなければならないのである。

　このように主体と同じ本性を持つ諸要素を、あるいは主体それ自身を物＝客体の面の上に導入するということは、いつでも不安定で、不確かなことであり、その導入の完了している程度はまちまちである。しかしそういう相対的な不安定性も、ある一つの視点がもたらした可能性に較べると、すなわちそこから見ると内在的な諸要素が、外から物＝客体であるかのように統覚《アペルスヴォワール》される視点の決定的な可能性に比較するとものの数ではない。ついにわれわれは、出現してくる各々の姿――すなわち主体（われわれ自身）、動物、精霊、世界――を、同時に内からと外から統覚するようになり、さらにはわれわれ自身に対して連続性として、かつまた同じく物＝客体として統覚するようになるのである。(6)

こうした主体‐かつ‐客体というカテゴリーは、つまり客観的に〔客体として〕考察される主体、あたう限り明晰かつ判明に外から認識される主体というカテゴリーは、言語《ランガージュ》の作用によって一方の面から他方の面へと定義されている。しかしこのような性質の客観性は、ある一個の要素を切り離されたものとして定置することに関しては明晰であるけれども、やはり混同された状態のままにとどまる。その要素は同時に主体のあらゆる属性と客体のあらゆる属性を、混ぜ合わせて保持するからである。道具の超越性と道具の使用に結ばれたなにかを創り出す能力は、このような混同された状態において、動物、植物、大気現象にそれらの属性として付与されることになる。また同様にそういう超越性や創作能力は、世界の全体にも属性として付与されるのである。(7)

3　事物を主体として定置すること

このような最初の混同が成立し、主体‐かつ‐客体たちの面という一つの面が定義されると、道具それ自体も、どうしてもという場合には、その面の上に位置づけられることがありうる。つまり道具がそうであるような物＝客体が、それ自身ある一つの主体‐かつ‐客体とみなされることが可能となるのである。するとそれ以降道具は、主体の持つ諸々の属性を受け取り、動物たち、植物たち、大気現象などの傍らに、あるいはまた人間たちの傍らに位置することになる。前に述べたとおりそれら動物、植物、大気現象、人間などは、道具がそうである物＝客体の超越性を貸し与えられたせいで、連続性［*continuum*］から抽き出されたのであるが。とにかくそういう道具は、こうして世界の総体に対して連続的となる一方で、それを製作した人の精神においては分離したものだったように、切り離されたものとしてもとどまるのである。したがって人間は自分が適当と思う時にこの物＝客体を、たとえば一本の矢を、自分の同類とみなすことが可能であり、しかもだからといってその矢の操作＝作業《オペレ》する能力や物としての超越性を取り除くことなしにそうすることができるのである。その事情を極限的に見ると、このような具合に転位された物＝客体は、それを着想し、考え出す者の想像力の中では、その人自身がそうであるものと異ならなくなる。彼の眼にはこの矢は、彼と同じように動き、考え、語ることが可能であると見えるのである(*8)。

4　最高存在［l'Être suprême］

いまわれわれが、世界を連続した実存の様態（自分たちの内奥性に対して、また自分たちの深い主観性に対して）の光の下に了解している人間たちを想像してみるとすると、そういう人々にとっては、世界に一つの事物が持つ諸能力を、つまり「動き、考え、語ることが可能な」事物（ちょうどまさに人間たちがそうするのと同じように）の持つ諸々の効力を貸し与える必然性があるということにも、当然気づいてしかるべきである。世界はこのように一つの事物へと還元されることのうちに、単独な個別性という形態と、なにかを創り出す能力という形態を同時に与えられることになる。しかし個的にはっきりと区切られたものとしてあるこのような能力は、同時にまた個的ではなく、判明に区切られておらず、内在的な実存の様態がそうであるような神的な性格も合わせ持つのである。

ある意味では、世界は根本的な様式においてはまだ明確な境界のない内在性である（存在がある量としての存在の内で判明に区切られないまま流動すること、つまり私は水流の中における水流の定まることのない現存性のことを想い浮かべている）。したがって世界の内部に、一個の事物のように判明に区切られ、境界づけられたある一つの〈最高存在〉

を定置することは、まず初めは貧困化することを意味するのである。一つの〈最高存在〉を創り出すということのうちには、他のどんな価値よりももっと大きな価値を定義しようとする意志がおそらくあるだろう。しかしこの増大させようとする欲求は、結局のところ減少させる結果となるのである。

〈最高存在〉は客観的な個別性=人称性《ペルソナリテ》を持つけれども、そのせいでこの最高存在はそれと同じ性質を持つ他の個的=人称的な存在たちの傍らに位置することになる。それはちょうど最高存在がそれ自身、同時にさまざまな主体でもあり客体でもあるが、しかしまたそれらから明確に区切られているのと同じような具合である。人間たち、動物たち、植物たち、星辰、大気現象……こうしたものたちが同時に事物でもあり、また内奥性を持つ存在であるとすれば、それらはいま述べたようなジャンルの〈最高存在〉の傍らにあるとみなされることができるのである。その最高存在は、他のものたちと同様世界の内に在るのであり、またそれらと同じく非連続であるのだから。もっともそれらの間に、最終的な平等性があるのではないだろう。なぜなら定義上、〈最高存在〉は他を威圧する尊厳を持つからである。しかしながら全てのものが同じ種類に、つまりそこにおいては内在性と個別性=人称性が混り合うような種類に属しているのであり、全てのものが神的でありうると同時に、作業し、操作する能力を授けられているのである。また全てが人間の言語を話すことができるのである。だからそれらのものはとにもかくにも本質的には、同等に遇するにふさわしい一線上に並ぶのである。

私はこのような意図せざる貧困化と限界づけの性格を強調すべきであると思う。キリスト教徒たちは今日なんの躊躇もなく、いわゆる「原始人たち」がその記憶をなんらかの形で保存しているようなさまざまな〈最高存在〉の内に、自分たちが信ずる〈神〉の原初的な意識を認めている。しかしながらこの生まれつつある意識は、動物的な感情の開花であるのではなくて、むしろ逆に償いようのないその減退であり、衰弱なのである。

5 聖なるもの [le sacré]

あらゆる民族がおそらくこの〈最高存在〉という概念を抱いた経験があるけれども、それを確立するための操作はいたるところで挫折したように思われる。原始人たちの〈最高存在〉は一見したところ、将来ユダヤ人たちの〈神〉が、そしてもっと後にはキリスト教徒たちの〈神〉が手にするようになった威信に比肩しうるほどの威信は、どうも持たなかったようなのである。それはあたかもそのような操作が、連続性の感情が余りにも強かった時代に行われたかのようにみえる。そしてまたあたかも生命存在たちと世界との動物的な、あるいは神的な連続性が、〔最高存在というような〕ある一つの客観的な個別性へと還元される初めての、不器用な試みのせいで、まず初めは限界づけられ、貧困化させられたかのようにみえるのである。あらゆる点から判断して、原始人たちはわれわれよりもずっと、動物に近く存在していたと考えられる。彼らはたぶん動物を自分自身から区別はしていたが、その区別に関してある疑いを、恐怖とノスタルジーの混り合ったある疑惑を持たないわけにはいかなかったのである。われわれが動物のものとみなしている連続性の感情が、それだけで原始人たちの精神を占めているというのではもはやなかった（そもそも判明に区切られた物＝客体たちの定置とはそのことの否定であった）。そうではなくて彼らの精神は、事物たちの世界に対して連続性が提起した対立から、ある新しい意味を引き出していたのである。連続性とは動物にとっては他のなにものとも区別されないものであって、動物においては即自的にも対自的にも唯一可能な存在の様態なのであるが、人間においてはその連続性は、俗なる道具の貧困さ（非連続な物＝客体の貧困さ）に対し、聖なる世界のあらゆる魅惑を対比させたのである。

聖なるものという感情はもはや明らかに、連続性のせいでそこではなにものも判明に区切られていない濃霧の内に消失していた動物の感情ではありえないのである。まず第一に言えることは、濃霧の世界においては絶えず混同が生じていたのは真実であるとしても、こうした濃霧は一つの明晰な世界に、ある不透明で見通せない総体を対比させるということである。この総体は、明晰であるものの極限に判明に区切られて現われる。それは少なくとも外部からは、明晰であるものと区別されるのである。また他方で動物はなんら眼につくような抗議もすることなしに、自分を埋没させる内在性を受け入れていたのに対し、人間は聖なるものという感情の中で、ある種の無力な怖れを味わうのである。この怖れ＝嫌悪［horreur］は両義的である。聖なるものが魅惑し、惹きつけること、ある比類のない価値を持っていることは疑問の余地がない。しかしそれと同時にその聖なるものは、この明晰かつ俗の世界にとって、つまり人間がその特権的な領域をそこに据えるこの俗なる世界にとっては、眩暈を生じさせるほど危険なものとして現われるのである。

6　精霊たちと神々

さきほど述べた多様な存在たちは、つまり純粋な物＝客体がそうであるような事物に対立しているそれらの存在たち(＊9)は、同等な場合もあり、また優劣の異なる場合もあるけれども、やがてついには精霊たちが構成するある階層制度《ヒエラルキー》へと帰着することになるのである。人間たちや〈最高存在〉はむろんのこと、原始的な表象においては、さまざまな動物、植物、大気現象……なども精霊《エスプリ》である。このような位置づけのうちには、ある横滑りが生じている。つまり〈最高存在〉とはある意味で一つの純粋な精霊である。同様に死者の霊《エスプリ》は、生きている人間の霊＝精神《エスプリ》のように明確な物質的現実に依存することはない。そしてまた動物の精霊、あるいは植物の精霊、等々と、個体としての一匹の動物、一本の植物との間の絆はきわめて漠然としている。それらに関して問題となっているのは、神話的な精霊――所与の諸現実とは独立した精霊なのである。こうした条件において精霊たちが構成するヒエラルキーは、しだいしだいに一方には人間の霊＝精神《エスプリ》がそうであるような身体＝肉体に依存する精霊たちを置き、他方には〈最高存在〉や、動物、死者などの独立した精霊たちを据えるという根本的区別の上に立脚するようになっていく。後者の独立した精霊たちは、ある一つの同質的な世界、つまりその内部ではヒエラルキー上の相違はほとんどの場合微弱でしかないようなある神話的な世界を形成する傾向を持っている。〈最高存在〉は神々のうちの至高者であり、天空の神であるので、一般的に言って他の神々よりも強力であるが、しかし同じ性質の神にしか過ぎないのである。

　神々とは単に、現実的な基層を持たない神話的な精霊たちのことである。死をまぬがれない身体＝肉体という現実に服従していないような精霊は、神であり、純粋に神的（聖なるもの）なのである。人間はそれ自身霊＝精神《エスプリ》である限りは、神的（聖なるもの）であるけれども、彼は至高権を持ってそうなのではない。なぜなら彼は現実的に実在するものだからである。

7　事物たちの世界の定置および身体を事物として位置づけること

ある一つの事物《ショーズ》を位置づけること、またある一つの物＝客体《オブジェ》を、一個の道具や日用品を位置づけることにおいて、すなわち物＝客体たちの一つの面《プラン》（そこでは主体と同類であるさまざまなものたちも、主体それ自身も客観的な価値をとることになるような一つの面）を定置することにおいて、人間たちが活動する世界はまだ根本的な様式では、主体から発しての連続性としてある。しかしながら至高性を持つ精霊たちの、すなわち神々の世界がそうである非現実的世界は、自分がそうでない現実を自分の反対物として位置づけるのである。こうして神聖かつ神話的な世界の対面に、俗なる世界の、つまり事物たちや身体＝肉体たちの世界の現実が定置されることになるのである。

連続性という枠の内においては、全てが霊的《スピリチュエル》なものであって、霊＝精神と身体との対立はないのである。しかし神話的な精霊《エスプリ》たちの世界を定置すること、およびその世界が至高な価値を受けとるようになることは、当然のなりゆきとして、死をまぬがれない身体を霊

=精神の対極として定義づけることに結びついている。霊=精神《エスプリ》と肉=身体《コール》の相違は、連続性と（つまり内在性と）物=客体との違いではけっしてないのである。原初の内在性においては、製作された道具が位置づけられる以前には相違=差異の可能性はありえない。同様に、主体を物=客体たちの面の上に（主体-かつ-客体の面の上に）定置することにおいて、霊=精神はまだ肉=身体から判明に区切られてはいない。独立している精霊たちという神話的な表象を起点として初めて、ただそういう表象から出発してのみ肉=身体は、それが至高な精霊に欠如しているものである限り、事物の側に見出されることになるのである。現実的世界は、神的な世界が誕生した後の残滓としてとどまるものである。つまり現実の動物や植物は彼らの霊的な真実から切り離されて、ゆっくりとではあるが道具の空虚な客体性と結びつくようになり、死をまぬがれない人間の身体は少しずつ、事物たちが形成している総体に同化していくのである。人間的な現実とは、それが霊=精神でありうる度合にちょうど応じて神聖なものであるけれども、それが現実的である程度にまさしく応じて俗なるものなのである。諸々の動物、植物、道具そして加工されたり、取り扱われたりする他の事物たちは、それらを取り扱う身体とともに一つの現実的世界を形成する。その現実的世界はさまざまな神的力に服従し、それら諸力に横切られてはいるけれども、失墜した世界である。

8 食べられる動物、屍体、事物

動物を一つの事物として定義することは、人間においてはある基本的な前提事項となった。動物は人間の同類としての尊厳を失ったのであり、人間は自分自身の内に動物性を認めると、それをなにか欠陥のようにみなすことになるのである。動物をまるで一個の事物のようにみなすということのうちには、一片の虚偽が潜んでいるのに間違いないだろう。一匹の動物はそれ自身のために存在しているのであり、一つの事物とされるためには、死んでいるか、あるいは家畜化していなければならない。だから食べられる動物が一つの物＝客体として定置されることができるのは、それが殺されて食べられるという条件が充たされる場合だけなのである。さらにはそれは、炙り焼き、網焼き、煮ものといった形において初めて十分に事物となるのである。そもそも肉を調理するためにあれこれ手間をかけるのは、本質的には美食の追求という意味を持つのではない。それ以前に問題となっているのは次のような事実、すなわち人間はなにものであれそれを一個の物《オブジェ》に変えてからでなければなにも食べない、という事実なのである。少なくとも通常の条件において、人間は自らが食べるものに共有部分を持たない〔参入しない〕動物である。しかしながら動物を殺すこと、そして自分の意のままにその形を変えるということは、ただ単にたぶん本来はそうでなかったものを事物へと変えるということだけではないのである。それは生きている動物を、あらかじめ一つの事物として定義することなのだ。つまり私が殺し、切り裂き、焼くものに関して私は、暗々裡に、それが一個の事物以外のものではけっしてありえなかったと断言しているのである。これに対し、人間を切り裂き、焼き、食べるということは、忌わしくぞっとすることである。それは誰かに迷惑のかかるようなことではない。そうしないでおくことのほうがむしろ理にかなわぬと思える場合さえまれではない。それにもかかわらず解剖学の研究は、つい最近まで言語道断なことであるとずっと思われてきた。そして凝り固った唯物論者でさえも、その外見がどうであれまだなおきわめて宗教的であるので、彼らの眼には人間を一個の事物にすることは——炙り焼き、煮込みシチュー……にすることは、つねにかわらず罪なのである。そもそも身体に対する人間の態度は、驚くほど複雑な様相をみせている。人間が動物の身体を持つこと、そしてそのせいで一つの事物のように存在することは、人間が霊＝精神である限り、その惨めさであり、苦悩である。が、しかし一つの霊＝精神の基体であることは人間の身体の栄光でもあるのである。そして身体‐事物には精神がきわめて緊密に結びつけられているので、その身体はいつも絶え間なく霊的なものに憑きまとわれており、ぎりぎりの極限において以外はけっして事物ではないのである。その事情をよく示すことは、もし死が身体を事物の状態へと還元するとすれば、その瞬間にこそ霊はこれまでにないほどはっきりと現前するようになる、ということである。つまり精神の願望に背き、欺いた身体は、かつてそれに服し、奉仕していたときよりもずっとありありと霊＝精神を啓示するのである。だからある意味においては、屍体は霊＝精神を最も完璧に肯定する断言なのである。死者の最終的な無力さとかその不在が啓示するのは、霊＝精神の本質そのものであり、またそれと同様に殺される者の叫びは、生の究極の肯定である。このことの逆もまた言えるのであって、人間の屍体は動物の身体が事物の状態へと還元される過程が完了したことを示しているのであり、したがってつまり生きている動物が事物の状態まで完全に還元され尽したことを啓示しているのである。原則としてそれは厳密に従属した要素であり、それ自体としてはなんら重要性を持たない。布地、鉄、あるいは加工された木材と同じ性質の有用性なのである。

9　労働する人間と道具

一般的に言って事物たちの世界は、ある失墜状態と感じられる。なぜならその世界は、それを創り出した人間の疎外をもたらすようになるからである。次に述べることは一つの根本原則とみなしてよいのであるが、従属させるということはただ単にその従属させた要素を変えるということだけではないのであって、そうする者自身が変えられるということなのである。道具は同時に自然と人間を変える。つまり道具はそれを創り出し、使用する人間に自然を服従させるけれども、また同時に道具はその服従した自然に人間を縛りつけるのである。自然は人間の所有物となるが、それによって自然は人間にとって内在的であることを止めるのである。人間にとってそれが閉ざされているという条件において、自然は人間のものなのである。人間は自分自身が世界であることを忘却していくが、まさにちょうどその度合に応じて世界を自分の手中に握るようになるのである。人間は世界を否定するけれども、否定されるのは彼自身である。全て私の手中に握られているものが告げていることは何かというと、それはつまり私が自分にとって同類であるものを、もはやそれ自身の目的＝究極のために存在するのではなくて、それにとってはまったく疎遠な目的＝究極のために存在するようにと還元してしまったということなのである。一個の犂《すき》の目的とは、それを構成している現実とは疎遠なものとなっている。ましてや小麦の穀粒の目的は、また仔牛の目的はそうなのである。かりに私が小麦や仔牛を動物がそうするのと同じやり方で食べたとすると、それらはやはりその固有の目的＝究極からそらされたことになることには変わりないであろうが、しかしそれらは小麦として、また仔牛として突如破壊されるのだといえよう。つまりいかなる瞬間においても小麦や仔牛は、それらが人間の手中に握られている場合そもそも初めからそうであるような事物ではないであろう。小麦の穀粒は農業生産の単位であり、牛は一頭の家畜である。そして小麦を栽培する人は農耕者であり、牛を飼育する人は牧畜者である。ところで彼が耕作しているときには、農耕者の目的=究極はいま現在としては彼固有の、本来の目的=究極ではない。飼育をしているときには、牧畜者の目的はいま現在としてはその固有の、本来の目的ではないのである。農業生産物、家畜は事物であり、そして農耕者は、あるいは牧畜者は、彼らが労働しているときにはやはりまた事物である。そうしたものは全て無辺際な内在性に対して、すなわちそこにはどんな切り離しも、境界づけもないような内在的な広大無辺に対して疎遠なものなのである。人間は内在的な広大無辺であるが、ちょうどまさしくそうである割合に応じて、あるいはまた人間は存在であり、ある量の世界であるが、まさにそうである割合に応じて人間は、自分自身に対して疎遠なのである。農耕者は一人の人間ではない。それはパンを食べる人の犂《すき》である。極限的にはパンを食べる人自身の行為がすでに田畑の労働であって、食べる行為はその労働にエネルギーを供給しているのである。

III 供犠、祝祭および聖なる世界の諸原則

1 供犠が応じている必然性、供犠の原理

収穫の初物を供物として献上したり、一頭の家畜を供犠に捧げたりするのは、事物たちの世界から植物や動物を引き戻すためであり、そして同時に農耕者や牧畜者を引き戻すためである。

供犠の原理は破壊であるが、そしてときには全的に破壊するにまで至ることもあるけれども（たとえば全燔祭においてのように）、供犠が挙行しようと望む破壊は無化してしまうことではないのである。供犠が犠牲の生贄の内で破壊したいと願うのは、事物《ショーズ》――ただ事物のみ――なのである。供犠はある一つの物＝客体を従属関係へと縛りつける現実的な絆を破壊する。つまり生贄を有用性の世界から引き剝がして、知的な理解を絶するような気まぐれの世界へと戻すのである。献上された動物が祭司によって殺される領界へと入っ

ていくとき、その動物は事物たちの世界から――つまり人間にとって閉じられており、ないにものでもなく、外から知るだけの事物たちの世界から――引き戻されて、人間にとって内在的な、内奥的な世界へと、ちょうど消尽を思わせる肉体的交わりの中で女が知られるのと同じように知られる世界へと移行するのである。それが仮定しているのは、そのとき人間の側でも自分自身の内奥性から切り離された状態を止めるということ、すなわち労働という従属関係において人間がそうである状態を止めるということである。供犠執行者と事物の世界とがあらかじめ切り離されることが、人間と世界との間に、また主体と物＝客体との間に内奥性が回帰するために、あるいは内在性が回帰するために必要である。つまり供犠執行者は、自己を事物の世界から切り離すために供犠を必要としているのであり、そして生贄となる動物の側でも、もし供犠執行者が彼自身まずもって事物の世界から分離するのでないならば、生贄のほうも事物の世界から分離することはできないであろう。供犠執行者は次のように呟いているのである。「内奥においては、この私は神々の至高な世界に、神話が示すような至高性の世界に属している。すなわち激烈な力が荒れ狂う、利害や打算を離れた雅量の世界に属している。ちょうど私の妻が諸々の私の欲望に属しているのと同じように。生贄の獣よ、私はおまえをそのいる世界から引き戻す。つまりおまえが事物の状態に還元された形でしか存在できず、だからおまえの内奥の本性にとっては外的な意味しか持てないような世界からおまえを引き戻すのだ。そして私はおまえを神的世界との親密な交わりへと、あるいは全て存在するものの深い内在性との親密な交わりへと立ち返らせる。」

2 神的世界の非現実性

むろんのことそれは独白であって、生贄の獣は聞くこともできず、応答することもできない。つまり供犠はその本質からして現実的な諸関係に背を向けるのである。もしも供犠が現実的な関係を斟酌するとすれば、判明に区切られた現実を基礎づけている事物たちの世界のまさしく対極であるというその固有の本性に悖《もと》ることになるであろう。供犠は事物としての動物を破壊したいわけだが、その動物の客観的な現実を否定することなしにはそうすることはできないだろう。そのために供犠にまつわる領界には、なにやら子供っぽい無動機性という様相がつきまとうのである。しかしながら人間は現実を基礎づけている諸価値を破壊することと、現実に枠組みを与えている諸々の境界を受け入れることとを同時に行うことはできない。内在的な内奥性へと回帰することは、当然の帰結として意識が朦朧と曇ることを含んでいるのである。なぜなら意識とは、客体=対象《オブジェ》たちがそれとして位置づけられることに結ばれているのだから。すなわち混沌とした知覚の外で、また参入《パルティシパシヨン》＝融即に基づく思考の抱くいつも変らず非現実的な諸々のイメージの彼方において、直接的に捕捉されるような物《オブジエ》＝客体たちをそれとして定置することに結びついているのであるから。

3　死と供犠の通常行われる連合

供犠には実に子供っぽい無意識状態があるので、生贄を死へと至らしめることがその動物に加えられていた侮辱を、つまり惨めにも一個の事物の状態まで還元されていた動物の被っていた侮辱をはらしてやる一つの様式として現われるほどである。しかし実のところを言うと、殺害することが文字通りに必要だというわけではないのである。それでも死という現実秩序の最大の否定が、神話的秩序の出現を促すうえで最も好都合なのだ。また他方では、供犠における殺害は、生と死の苦悩に充ちた二律背反をある一つの転倒によって解消するのである。実際内在性においては、死はなにものでもない。が、しかし死がなにものでもないということから、ある一つの存在はけっして真には死から分離していないのである。死が意味を持たないということ、死と生の間に差異がないということ、死に対する怖れもなくそれに対抗する防禦もないということ、こうした事実からして死はなんらの抵抗をひき起こすことなく全てに侵入しているのである。持続が価値を持つことはない。あるいはそこにあるとしてもそれは不安という病的な深い喜びを産み出すためだけに過ぎないのである。それとはまったく正反対に、事物たちの世界を客観的に位置づけることは、すなわち主体に対してある意味で超越的であるそのような定置は、持続を基礎として行われるのである。事実いかなる事物も、ある一つの後《のち》に来る時間が措定されるという条件において以外は、つまりそれを目ざしてその事物が客体＝対象として構成されるような後の時間が措定されるという条件が充たされる場合以外は、切り離されて位置づけられることもなく、また意味も持たないのである。物＝客体がある一つの能力として、つまり操作し、作業する能力として定義されるのは、ただその物＝客体の持続が暗々裡に了解されている場合だけである。もしその物＝客体が、食料や燃料がそうされるように破壊されるとしても、それを食べる人やその燃料のおかげで製作された物＝客体が、まさしくパンや石炭の持続性のある、恒久的な目的であるかのように、それらの価値を持続のうちに保存しているのである。後に来るはずの時間がこの現実世界をものの見事に構成しているので、死はもはやそこに場を持たない。が、まさにそのためにこそ死はそこで一切なのである。死に、ある非現実性という性格を残してしまうのは、実際事物たちの世界の弱み（そして矛盾）

である。そして人間がそうした事物の世界に属するのは、見たように、身体が死を免れぬものである限り、一つの事物として位置づけられるからなのであるが。

実のところを言うと、死の非現実性というのはある表層的な一面にしか過ぎない。事物たちの世界の内にその場を持たないもの、現実世界においては非現実的であるものは、正確に言うと死ではないのである。事実死は現実のまやかしを暴露する。という意味は、ただ単に持続の不在が現実というものの虚偽を想い出させるという点でそうするというだけではなく、なによりも死が生の偉大な肯定者であり、生に驚嘆して発せられた叫びであるという点でそうするのである。現実秩序が投げ棄てるのは、死がそうであるような現実の否定というよりもむしろ内奥的な、内在的な生命の肯定、つまりその際限のない激烈さ＝暴力性《ヴァイオレンス》が事物たちの安定にとって危険であり、また死においてのみ初めて十分に啓示されるような内奥の生命の肯定なのである。現実秩序はこの内奥の生を無効に――つまり中和化――しなければならない。そしてその代りに、労働という共同性《ソシエテ》の中にある個人がそうであるような事物を対置しなければならぬのである。だがしかしそういう現実秩序も、いままさに死のうちへと生が消滅する瞬間において、けっして事物ではありえない生が、その不可視の閃光を開示することがないようにしてしまうわけにはいかない。死の力が意味しているのは、この現実世界が生に関してある中和化されたイメージしか持てないということであり、また内奥性がその世界において眼を眩ますばかりの消尽のさまを開示するのは、ただまさしく内奥性が欠けんとする瞬間においてのみだということである。死がそこにあったときには、誰もそこにそれがあると知らなかった。死は無視されており、それが現実的な事物たちの利にかなうことであった。死は他のものたちと同じように一つの現実的事物だったのである。しかし突如として死は、現実社会が嘘をついていたことを示す。するとそのとき深く考慮に入れられるのは、事物が喪失されたということではなく、また有用なメンバーが失われたということでもない。現実社会の失ったものは一人のメンバーではなく、その真理なのである。内奥の生命はもうすでに私にまで十分到達する力を失っており、それを私は基本的には一個の事物のようにみなしていたのであるが、その内奥の生を十分なまで私の感受性へと戻してくれるのは、それが不在となることによるのである。死は生をその最も充溢した状態において啓示し、現実秩序を沈み込ませる。それ以降は、この現実秩序が、もはや存在しないものの持続の要請であることは、ほとんど重要性を持たなくなる。諸関係に基づいて立てられているある一つの存在体《アンティテ》は、一個の基本要素が自らの要請に背いて消え去るときに、欠如する部分が生じて病み苦しむというのではない。そういう存在体《アンティテ》は、すなわち現実秩序は、一度に全体として消え失せてしまったのである。もはやその現実秩序が問題となることはなく、そして死が涙のうちに運んでくるものは、内奥次元［l'ordre intime］の、なんの有用性も持たぬ消尽なのである。

死を悲しみに密接に結びつけるのは、単純な意見である。死の到来に応じている生者たちの涙は、それ自体歓喜と正反対の意味を持つというわけではまったくない。苦悩にうちひしがれるどころか、その涙は内奥性において捕捉された共通の生に関する鋭敏な意識の表現なのである。そして確実なことは、この意識が、死においてのように、あるいはまた単なる別離においてもそうであるように、突如として不在が現前にとって代わる瞬間以外にこれほど尖鋭に研ぎ澄まされることはないということである。そしてこの場合において慰めとは（つまり神秘家たちが「精神の悦び《コンソラシヨン》」と名づける際にこの語が持つ強い意味における慰めとは）、ある意味でそれが持続できないという事実に苦々しく結びつけられている。しかしながらまさしくこの持続の消滅こそ、そしてさらにそれに伴っておこる持続に結ばれていた中和化された行動や振舞いの消滅こそ、事物たちの底を、つまりその眩しさゆえに目くるめく思いをさせられるような事物たちの底を露出させるのである（言いかえれば、持続の必要こそがわれわれから生を奪うこと、また原則として持続の不可能性のみがわれわれを解放することは明らかなのである）。また一方で他の場合には、涙は思いがけない勝利に応じ、われわれが踊り上がらんばかりに狂喜する好運《チャンス》に応じているのであるが、それはいつも常軌を逸したかのような様態においてのことであり、さらには後に来るはずの時間への気遣いのはるか彼方においてなのである。

4　供犠という消費

一般的に言って死の持つ力が、供犠［le sacrifice］の意味を明らかにしてくれる。供犠はある失われた価値をその価値の放棄という手段によって復原するという点で、死と同じように作用するのである。ただし供犠にはいつも必ず死が結びついているというわけではなく、最も荘厳な供犠が流血の行為を伴わないこともありえる。犠牲として捧げるということは殺すことではなく、放棄《アバンドネ》することであり、贈与《ドネ》することである。殺害するという行為は、ただある深い意味を提示する行為以外のなにものでもないのである。重要なのは持続性のある秩序から離れて、つまりそこでは諸々の資源の消尽が全て持続する必要性に服従しているような秩序から離脱して、無条件な消尽の激烈さ＝暴力性へと移行することである。言いかえれば現実的な事物たちの世界の外へ、その現実性が長期間にわたる操作＝作業に由来するのであって、けっして瞬間にあるのではないような世界の外へ出ること——創り出し、保存する世界（持続性のある現実の利益となるように創り出す世界）から外へ出ることが重要なのである。供犠とは将来を目ざして行われる生産のアンチ・テーゼであって、瞬間そのものにしか関心を持たぬ消尽である。この意味で供犠は贈与《ドン》であり、放棄《アバンドン》なのであるけれども、そのように贈与されたものは、それを受け取った人にとって保存の対象であることはありえない。捧物が贈与されるとすると、その捧物はまさしく迅速に消尽の世界へと通過するのである。「神に犠牲を供える」という行為の意味することはそれであり、その聖なる本質はだから火に喩えられる。犠牲を供えるとは、ちょうど燃え盛っている大竈《かまど》へ石炭をくべるように与え《ドネ》ることである。しかし大竈は通常ある一つの否定しがたい有用性を持っており、石炭はそれに服従させられる。これに対し供犠においては、捧物はどんな有用性をも免れているのである。

それこそまさに供犠の正確な意味であるから、ひとは奉仕し、役立つものを犠牲として供えるのであって、きわめて豪奢な物《オブジエ》をそうすることはない。もしかりに捧物が前もって破壊されていたとしたら、それは供犠とはなりえないであろう。ところで豪奢な物は、それを作る労働の有用性というものをそもそも初めから奪い去っているので、この労働をすでに破壊しているのである。その労働をいわば空しい栄光のために飛散させてしまっているのであり、まさにそのときこの労働を決定的に無駄にしているのである。もし豪奢な物を供犠に捧げるとすれば、それは同一の物＝対象《オブジエ》を二度犠牲として供えることになるだろう。

しかしながらまた次のことも言えるであろう。すなわち人間が供犠に捧げるものは、まず最初に内在性から引き出されてしまっていたものに限られるであろうということ、その人間に属していたのではけっしてないのに、二次的に従属させられ、家畜化され、事物へと還元されたようなものだけだろうということである。供犠の対象となるものとは、動物たちや食料となる植物たちのように、本来精霊としてありえたはずなのに事物と化してしまったものたち、だからそれらが由来する源である内在性へと、失われた内奥性の茫漠たる領界へと戻してやらねばならぬものたちなのである。

5 個体、不安、供犠

内奥性を表現するのに、言説《ディスクール》に依拠したやり方で行うことは不可能である。目玉の飛び出すほどの膨張、歯をくいしばりながら急に炸裂し、そして涙を流す悪意。どこから来るのかも、どこへ行くのかもわからぬ横滑り。暗闇の中で、大声を張り上げて歌をうたっている恐怖。白目をした顔の蒼白さ、悲しげな温和さ、激昂と嘔吐……こうした言い方は数々あっても、そのどれもが表現しえないものをなんとか示そうとする逃げ道なのである。

その強い意味において内奥的なのは、個体性の不在がもたらす熱狂状態とか、河の流れの摑みがたい響きとか、空の虚しい明澄さなどを持つものである。しかしそれもなおまだ消極的な定義であって、本質的なものは抜け落ちてしまう。

こうした言表《エノンセ》は接近不可能な遠方という漠然とした価値を持っているけれども、その代償として、分節化された定義は、森の代わりに樹木を置くことになり、そうやって分節されるものの代わりに判明に区切られた分節化を対置してしまうのである。

それにもかかわらず私は分節化という行為に頼ることになろう。

逆説的な様態において内奥性とは激烈な暴力であり、また破壊である。なぜなら内奥性は切り離された個体＝個人の定置と両立することは不可能であるからである。いま供犠の実行過程の中にいる個人を記述するとすれば、その個人は不安によって定義される。ところで供犠が不安を喚びおこすものであるのは、その個人が供犠に参入するからである。個人は捧げられる犠牲と同一化するが、その同一化は生贄を内在性へと（内奥性へと）戻す突然の運動の中で行われる。ただしこのように内在性の回帰と結ばれている同一視が起こるのは、供犠執行者が個人であるという事実に基づいており、さらにはその生贄が事物であるという事実にもまた基づいているのである。切り離された個人は、事物と同じ本性からなっている。あるいはもっと適切に言うと、個人の個体性を定置する要因となっている個人として持続することに関する不安は、その実存の様態が事物たちの世界の内に統合されているということに結ばれているのである。言いかえると、労働と死ぬことへの恐怖は密接に連係しているのであって、労働は事物を当然なものとして含んでおり、またその逆もそうなのである。さらに言うと、ある一定程度まで事物であるためには、すなわち恐怖を抱く事物であるためには、労働する必要もない。つまり人間はその抱く不安、怖れのせいで労働の諸成果に結びつけられているのであるけれども、まさにちょうどそのように縛りつけられている度合に応じて個人的なのである。しかしながら人間は、そう信じられることもありうるように、彼が恐怖を持つから一個の事物であるのではない。もし人間が個体（事物）でなかったとしたら、不安を持つことはないであろう。彼の不安に種を与え続けるのは、本質的に言うと一つの個体であるということなのである。彼が不安を身につけるのは、事物の要請に応えるためである。つまり事物たちの世界が彼の持続を、彼の価値の、またその本性の根本的な条件として措定したのであるけれども、ちょうどまさにそのように位置づけられている程度に応じて彼は不安にかられるのである。人間は事物たちの秩序がそうであるような諸々の企図で建立された建造物の内へ入るや否や、死を怖れるようになる。われわれは事物たちの秩序によって支えられているのに、死はその事物たちの秩序を乱すからである。人間は、事物たちの秩序と両立せず、和合しない内奥次元を怖れるのである。そうでなかったとしたら、供犠は存在しなかったであろう。そしてまた人間性もありえなかったであろう。内奥次元が、個体の破壊のうちに、そしてその聖なる不安のうちに啓示されることもないであろう。内奥性は事物と隔たりのない同一平面にあるのではなく、むしろ事物がその本性において（つまりそれを構成する諸々の企図において）脅かされる状態を通じてこそ、戦慄する個体のうちで、神聖な、聖なるものであり、不安という光背を帯びているのである。

6　祝祭

聖なるものはこのように生命の惜し気もない沸騰であるが、事物たちの秩序は持続するためにそれを拘束し、脈絡づけようとする。しかしそうした束縛しようとする行為こそがすぐまたそれを奔騰状態へと、すなわち激烈な暴力性へと変えるのである。間断なくそれは堤防を決壊しようと脅かす。純粋な栄光としてある消尽という運動、急激で、波及しやすい運動を、生産的活動に対立させようと脅かすのである。まさしく聖なるものは、森を焼き尽しながら破壊する炎に喩えられる。際限なく燃え拡がる火事がそうであるように、それは一個の事物の正反対であり、伝播していき、熱と光を放射し、燃え上がらせ、眼を眩ませる。そしてそのようにめらめらと燃え上がり、眼を眩まされたものが突如として、今度はまた燃え上がらせ、目眩めかすのである。供犠はちょうど太陽のように、つまりわれわれの眼にはその炸裂する輝きをじっと見つめることができないほどの光熱を惜し気もなく放射しながら、そのためにゆっくりと死んでいく太陽のように燃え立たせる。ただし供犠はけっして孤立してあるのではなく、諸個人の世界の内で、そういう個体としての個体を一般的に否定するよう誘うのである。

神的世界は感染しやすい。そしてそれが感染し、波及することは危険なのである。原則的に言って、供犠の実行過程に引き込まれているものは、あたかも活動し始めた雷のような状態になる。その燃焼には原則として限界がないのである。そういう発火状態に適合しているのは人間の生であって、動物性ではない。内在性に対立する抵抗こそが、その内在性に再び噴出するよう命ずるのである。たとえば涙とともに胸を突き刺さんばかりに、あるいは不安の打ち明けようもない快感のうちにあれほど強力に再噴出を命ずるのである。だがもし人間がなんの留保もなく自己を内在性へと委ねてしまったとしたら、彼は人間性に背いてしまうことになろう。かりに彼が人間性を完成するとしても、それはただ人間性を喪うときにそうするというに過ぎないであろう。そして生命はついには、獣たちの目覚めを知らぬ内奥性へと回帰することになるだろう。ここに示されているような問題、すなわち一個の事物であることなしには人間として存在することが不可能であり、また動物的な睡りに回帰することなしには事物の限界を逃れることが不可能であるという事態が常に提起し続ける問題は、祝祭という形によって制限つきの解決を得るのである。

祝祭を原初的に創始する運動は、根本的な人間性のうちに与えられているけれども、この運動が再噴出の横溢状態に達するのは、ただ供犠という不安に充ちた集中化作用がそれを奔騰させるときにのみである。祝祭が集合させる人々は、感染し、波及する力を持つ捧物の消費（つまりそれは、社会学においては、「一致＝交感《コミュニオン》」と呼ばれている）によって、ある燃焼状態へと開かれる。とはいってもその燃焼は、逆方向に働くある種の知恵によって制限されているのである。祝祭の内に炸裂するのは破壊への熱望であるけれども、保守的に作用する知恵がそれを整序し、制限するのである。一方では、消尽のあらゆる可能性がとり集められる。舞踊《ダンス》、詩、音楽そしてさまざまな伎芸が繰り拡げられるおかげで、祝祭は目を奪う劇的な昂揚と奔騰の場となり、また時間となる。しかしながら他方、不安のうちに目覚めている意識は、そのような激しい奔騰に同意し、合致する力を欠いているせいで、どうしてもある一つの転倒を実行するよう促されるのである。すなわちそういう意識は、事物たちの秩序——本質的に拘束され、そしてそれ自身ひとりでに麻痺している秩序——が持つ必要性、つまり外部から刺激を受容しようとする必要性に、その奔騰を服従させてしまう傾向にあるのである。だから祝祭の激しい奔騰は、最終的にはそれが否定しようとした現実の諸限界に、むろん拘束されてしまうわけではないにしても、少なくとも制限されることになる。こうして祝祭は俗なる世界の諸々の必要性を留保しておくのであり、まさしくちょうどそうである限りにおいて耐えられ、容認されるのである。

7 祝祭の限界づけ、祝祭が有用なものであるとする解釈および集団の定置

祝祭は人間の生の融合状態である。事物にとっても個体にとっても、それは諸々の判明な区切りが内奥生命の強烈な熱によって溶解する坩堝である。しかし祝祭において生じる内奥性は結局のところ解消されてしまう。その祭礼に関り、活動する全てのものが現実的に、かつ個体として定置されることへと帰着するのである。ある現実的な共同性を目ざして、一個の事物のように与えられた社会的事象を目ざして——後《のち》に来るはずの時を目がけた共同の操作のために——、祝祭は限界づけられるのである。つまり祝祭はそれ自身、有用な仕事や作業の連鎖の内へその環のひとつとして取り込まれるのである。祝祭がその極限においてそうであるもの、つまり陶酔、混沌、性的大饗宴《オルギア》としては、祝祭はある意味で内在性に惑溺している。そのとき祝祭は精霊たちの雑種的な世界の限界を超え出てさえい

る。しかしながらその祭礼の運動が内在性の世界へと徐々に横滑りしていくには、ただ精霊たちの媒介作用のおかげによる以外ないのである。そして祝祭に現われるそういう精霊たちには、そもそも供犠はそれらの精霊に捧げられ、生贄はそれらの精霊との親密な内奥性へと戻されるのだけれども、ちょうど事物たちに付与されているのと同じようなある操作を行う能力が属性として付与されているのである。だからついには祝祭それ自身が操作であるとみなされ、その効能は疑いの余地のないものとなる。生産する可能性、田畑を実らせ、家畜を繁殖させる可能性が祭礼に与えられるのである。そしてそうした祭礼の操作的形態のうち最も隷従的ではないものは、神的世界の怖るべき激烈さ＝暴力性に対し一歩譲って、その火が燃える部分を分け前として与えてやり、それを防火地帯として他の部分を保全しようとする目的を持っている。いずれにせよ積極的には豊穣を希求することにおいて、消極的には贖罪を願うことにおいて、まず事物として――つまり決定的な個体化と、持続を目ざした共同の作業という意味で、事物として――共同性が祝祭のうちに出現する。祝祭は内在性への真の回帰ではなくて、諸々の両立不能な必要性の間の和解、友情に溢れた、しかし不安に充ちた和解なのである。

むろんのこと祝祭における共同性は、もっぱら一つの物＝客体として定置されるというわけではなくて、もっと一般的に一つの精霊＝精神として（一つの主体－かつ－客体として）位置づけられるのである。しかしながらそういう共同性の定置は、祝祭の生じさせる内在性にある限界を課すという価値を持つため、その理由で事物的な側面が強調されることになる。もしこうした共同性がまだ存在しないとしても、あるいはもはや存在しないとしても、こういう意味での共同性の祝祭への絆は操作的な諸形態のうちに与えられており、その主要な目的は労働の生産物、収穫と家畜である。祝祭がいま現に何であるかについての（つまり祝祭がその奔騰の瞬間において何であるかについての）明晰な意識はありえない。そして祝祭が判明に区切られた様態で意識の内に位置づけられるのは、ただ共同体の持続の中に取り込まれ、合体したときだけなのである。祝祭（燃え上がらせる供犠とその激しい燃焼）の意識的な在り方とは、このようなものである（つまり祝祭はそれ自身、祝祭が持続することを妨げる共同的な事物の、その持続に服従している）。だがこのことは祝祭の本来的な不可能性と、明晰な意識に結びつけられた人間の限界をよく示すものである。祝祭は人間を内在性に戻すために起こるのであるけれども、その回帰の条件は意識が不分明な晦冥さに至ることである。だから内在性へと戻されるのは、人間性――明晰な意識がまさしくそれを動物性に対立させる限りにおいての人間性――ではないのである。祝祭の効力は人間性のその本性の内に取り込まれ、合体してはいない。それを逆から言うと、祝祭の奔騰が可能となったのは、ただ意識がその祝祭の奔騰をそのものとしてとらえることに無力であるという理由によってのみなのである。祝祭の真姿をどうしても認識しえないというこの宿命的な誤認のうちに、宗教の根本問題は与えられている。人間とは自らが不分明なうちにそうであるところのもの、つまり判明に区切られていない内奥性を喪失した存在、あるいはさらに拒み、投げ棄てた存在である。意識はもしその諸々の邪魔になる内容から自己をそらさなかったとしたら、最後に明晰となることはできなかったであろう。が、しかし明晰となった意識はそれ自身自らが見失ったものを探求しているのである。ただし明晰な意識がその失ったものに再接近すると、また新たに見失わねばならないのであるけれども。むろんのこと意識が見失ったものは、意識の外にあるのではない。客体《オブジェ》=対象の〔についての〕明晰な意識が自己をそらせるのは、意識それ自身の晦冥な内奥性からなのである。宗教とは、その本質は失われた内奥性を再探求することにあるのだが、結局のところ全体として自己意識であろうとする明晰な意識の努力に帰着するのである。しかしこの努力は空しい。なぜなら内奥性の〔についての〕意識とは、意識がもはや一つの操作ではないような水準、つまり操作とはその結果が持続を当然のこととして含むものであるが、そのような操作ではなくなるレヴェルにおいてしか可能でないから。すなわち操作がもたらす効果としてある明晰さが、もはや与えられないようなレヴェルにおいてしか可能でないからである。

8　戦争――暴力が外部へと奔騰するという幻想《イリュージョン》

ある一つの社会の個別性は、祝祭の融合状態がそれを基礎づけるのであるが、まず初めに現実的な仕事＝作業《ウーブル》の面のうえで――農地による生産の面のうえで――定義される。そうした現実的な仕事＝作業は、供犠を事物たちの世界の内へ取り込み、合体させるのである。このようにして一つの集団が統一されるということは、破壊的な激烈さ＝暴力性を、外部へと向かわせる能力を持つことになる。

外へと向かう暴力は、原則としてまさしく供犠や祝祭に対立する。供犠や祝祭の暴力は、内部で猛威をふるうからである。ただ宗教のみが、その宗教によって生気を与えられている人々を、自分自身の実質を破壊するような消尽へと向かうよう促すことができるのである。これに対し武器を持った行動は、他の人々を破壊するか、あるいは他の人々の富や財産を破壊する。そもそも武装行動は一つの集団の内部で、個人的に実行されることもありうるけれども、構成された集団はそれを外部へと向かって行使することが可能であり、そうなると武装行動はしだいに重大な結果を及ぼし始めるのである。

戦争はその死を賭けた戦闘や、虐殺、掠奪などにおいて、祝祭の意味に近い意味を持ちうる。というのは、敵はそこで一個の事物として扱われているのではないという点においてである。しかし戦争はこうした爆発的な力の行使に限られているのではなく、またいま述べたような枠組みの内においても、供犠がそうであるような失われた内奥性への回帰を目ざして行われるゆっくりした行動ではない。それはある無秩序な噴出であって、その作用の方向が外部へと導かれるせいで、戦士が達するかに見える内在性はたちまち奪われてしまうのである。そして確かに戦争行動は、個人の固有な生の価値を否定的に賭に投入することによって、独特な様式で個人を解体する方向性を持っているけれども、やがて時間の継続のうちに、逆にその価値を強調するようになることは避けがたい。というのも生き残った方の個人が、その賭への投入の結果を利益として享受する人になるからである。

個体 - 事物の彼方へと向かうはずの個人の展開を、戦争は栄光に充ちた戦士の個人性の方向へと限定してしまう。そういう栄光ある個人は、まず最初は個人性の否定という手段によって、個体のカテゴリー(つまり根本的に事物たちの秩序を表現しているカテゴリー)のうちに、神的な次元を導入する。しかしながら彼は、そのような持続の否定を持続的なものにしようという矛盾した意志を持つことになるのである。だから彼の力は、一部分は嘘をつく力である。戦争は一つの大胆な突出であるけれども、そのからくりは最も見えすいたものである。したがってこういう栄光の戦士が過大評価しているものに目をつぶって無関心となるためには、あるいはまたなにものでもないものにたぶらかされて自分を大したものだと空威張りするためには、力に劣らず単純さが——そして愚かしさが——必要であろう。

9 戦争の奔騰を人間‐商品の連鎖へと還元すること

戦争のこうした表面的で、虚偽の性格は、重大な結果をもたらすことになる。戦争は、計測しようのない荒廃という形態だけに限られるわけではない。戦士は労働という利益を目ざす行動の仕方を排除するある種の使命を、不分明に漠然とした形では意識しているけれども、結局のところ自分の同類を奴隷状態へと還元してしまうのである。こうして彼は激烈な暴力性を服従させ、その力を、人間性をこの上なく全的に事物の秩序へと還元することに用いるようになるのである。おそらく戦士はこの還元作用を先導する者ではないであろう。奴隷を一個の事物にする操作は、労働があらかじめ制度化されていたということを前提としているからである。しかし自由な労働者は、自発的に事物となったのであった。それもある一定の時間のあいだだけそうなのだった。だから奴隷のみが、こうした還元の結果を全面的に受け入れることになる。つまり軍事秩序は、そのような奴隷を一個の商品にするのである。(さらに正確を期すためには、もし奴隷制度がなかったならば、事物たちの世界はその全面的開花に達することはなかったであろう、と付け加えておく必要さえ感じられる。) このようにして戦士の見えすいた無意識状態は、現実秩序を支配的なものにする方向に主として働くのである。戦士が不当にも我が物にしている聖なる威信は、実は深い地点で有用性という錘《おもり》にまで還元された世界の上辺をつくろう見せかけにしか過ぎない。戦士の高貴さとはちょうど淫売婦の微笑と同じような性質のものであって、その真実は利益追求にあるのである。

10 人身供犠

奴隷を犠牲として供えるということは、奉仕し、役立つものこそが供犠の対象とされるという原則を、実際に証明している。奴隷が示しているように従属し、奉仕する状態は、人間的次元の失墜や下落を際立たせているけれども、供犠はそういう奴隷を、力の奔騰する、災厄をもたらしかねぬほど不吉な内奥性へと戻すのである。

一般的に言って、人間を供犠に捧げることは、現実秩序と持続とに対し、際限のない暴力性の運動を対立させようとする対抗の動きが鋭く研ぎ澄まされる瞬間である。それは有用性が優先される事態に対する最も根底的な異議申し立てなのである。そしてまた同時にそれは、内的な暴力性の奔騰が最高度に達する点でもある。人身供犠が猖獗を極める社会が主としてなにを断言しているかというと、それは一方の側にある内的な暴力と、他方の側の外的な暴力との間に不均衡が生じるのを拒否するということである。つまり自らの破壊力を外部へと奔出させる者は、他方で、自分の持つ諸々の資源を貪欲に溜込み、出し惜しみするわけにはいかないのである。もし彼がその敵を奴隷の境遇へと追い込むとしても、こうした新しい富の源泉を、彼は派手に人目を惹くやり方で、栄光ある使い道に投入しなければならない。彼に奉仕するこれらの事物を、彼は部分的に破壊しなければならないのである。なぜならば彼の周囲にあるなにか有用なもののうち、神話的次元が課す消尽の要請にまず応えようとしないものは一つもないからである。このようにして破壊へと向かって絶え間なく行われるのり超えの運動が、集団の個的な定置を一方では肯定し、また他方では同時に否定しているのである。

ところでこのような消尽の要請は、奴隷が彼の所有物であり、また彼の事物である限りにおいて、その奴隷を犠牲として求める。だからそれは、外部を、敵を対象とする暴力性の運動と混同されることは不可能なのである。この点に照らしてみると、一人の奴隷を供犠に捧げるというのは、純粋であることとはかけ離れている。ある意味でそれは戦争における闘争を継続し、延長したものであって、供犠の本質である内的な暴力は、そのような行為によっては充足されない。きわめて強烈な消尽がその最高の強度において要求するのは、もはや単に一民族の有用な富である犠牲ではなくて、その民族それ自身であるような犠牲なのである。つまり少なくともその民族全体を意味するような要素の供犠が求められるのであるが、その場合そういう要素が供犠に捧げられるのは、それらが聖なる世界から——失墜することによって——遠ざかったためではなく、まったく逆に、ちょうど至高者たる王や、子供がそうであるように極めて例外的にその至近距離に位置しているからなのである（そうした人間を死へと至らしめるということは、結局のところ同じ対象を二度にわたって供犠に捧げるという行為の成就を意味している）。

生命実質を消尽したいという欲望において、これ以上遠くまで突き進むことはできないであろう。またこれ以上無分別に進んで行くこともできないであろう。これほど強度の高い消尽の運動は、ある漠然とした不満《マレーズ》の感情に応じたものであり、さらにいっそう大きな不満の感情を作り出す。それは一つの宗教体系の絶頂期に位置するのではなくて、むしろその体系が自らを非難し、断罪する瞬間なのである。つまり旧来の諸形式がその効力の一部分を失ったときに、そういう体系は度を超した過剰や行き過ぎによってしか、またあまりにも高い代価を要する改革によってしか自己を維持できないのである。だから多数の微候が示しているところでは、これほど残酷な要請は十分うまくは耐えきれなかったようである。すなわち一つの詐術によって王の代わりに奴隷をある一定期間王として扱い、王権を授けておいて、そして代理として供犠に捧げたのである。消尽が一切に優先する体制は、軍事的な力が優位に立つ体制に抵抗できず、後退していったのである。

第二部　理性の限界内における宗教（軍事秩序から産業発展へ）

I　軍事秩序

1　資源とその消費の均衡が崩れて、成長を目ざした諸力の蓄積へと移行すること

人間を供犠に捧げる行為は一方で富の超過が存在することを証明すると同時に、他方でその富を蕩尽するべくきわめて骨の折れる様式が存在したことも証明している。総体としてみると人身供犠は結局、かなりな程度安定していた新しい体制を、つまりそこにおいては成長の度合は弱いものであり、濫費＝蕩尽［dépense］は資源に見合って均衡が保たれていたような体制を、非難し、断罪することになるのである。

軍事秩序は、消尽が大饗宴《オルギア》さながらに頻繁に繰り返される情況に応じていたあの漠然たる不安感や不満の感情に終止符を打った。それは諸力を合理的に用いるよう命じ、そうすることで権力の絶え間ない増大を計ったのである。征服という方法的な精神は、供犠の精神とは正反対なものであり、そもそも初めから軍事社会の王たちは供犠に捧げられるのを

拒むのである。軍事秩序の原則は、暴力性を方法的なやり方で外部へと方向転換することである。もし暴力性が内部で猛威をふるっているとすると、軍事秩序は可能な限りそれに対立しようとする。そして暴力の方向を外へとずらしながら、ある現実的な目標へとそれを服従させる。このようにして軍事秩序は一般的に暴力を服従させるのである。だから軍事秩序は派手に人目をひく戦闘の諸形態とは、つまりそういう戦闘は有効性を合理的に計算することよりも狂熱の堰を切ったような爆発によりよく応じているのだけれども、そのような戦闘形態とは正反対のものなのである。軍事秩序はもはや、かつて原始的な社会体制が戦闘や祝祭においてそうしたように、諸力の最も大きな濫費を狙うことはない。諸力を蕩尽する活動は残っているけれども、ある効率的生産性の原則に最大限に服従しているのである。力が濫費されるとしても、それはもっと大きな力を獲得する目的でそうされるのである。原始的な社会は、戦争においても、奴隷を掠奪することに限定していた。そしてその社会の原則に応じて、こうした獲得物を祭礼において虐殺することでその埋め合わせをしていたのである。ところが軍事秩序は戦争から得た収益を奴隷へと編成し、奴隷という収益を労働へと編成する。征服という活動をある方法的な操作、つまり帝国の拡大を目ざした操作とするのである。

2 帝国が普遍的事物として定置されること

帝国はそもそも初めから現実秩序の優位に服従している。それは本質的にそれ自身を、一個の事物として定置する。自らが肯定し、断言する諸々の目標に、帝国はそれ自身服従するのであり、だから帝国とは理性による管理体制なのである。帝国はその国境に、ある他の帝国が同等のものとして存在するのを認めることはできないであろう。その周囲に現存している全てのものと、その帝国とがとり結ぶ関係は、どのように征服するかという企図の中で秩序づけられている。こうして帝国は、狭隘な共同体という単純な、個体的な性格を失うことになる。通常の意味では、事物たちは自分たちが属している秩序のうちに挿入されると言うことができるが、帝国はもはやそういう意味合いにおいては一個の事物ではない。それは事物たちの秩序それ自体であり、一つの普遍的な事物なのである。この段階においては、もしその事物が至高な性格を持つことができないとすれば、ましてや従属した性格も持つことはできない。なぜならその事物とは、原則的に言って、一つの操作がその諸々の可能性の極限まで発展させられたものであるから。ぎりぎりの限界においては、それはもはや一つの事物ではない。という意味は、それが自己自身の内に、自らの侵しがたい性格を超えた彼方に、ある一つの開きを含んでいるという意味、つまりあらゆる可能事へと向いた一つの開口部を内包しているという意味においてそうなのである。しかしながらその開口部は、それの内で一個の空虚でしかない。それが単に事物であるのは、自らが無際限に服従するのは不可能であるということを示しつつ、自ら解体するときにそうなのである。ただしそれは自分自身で、至高な仕方で自己を消尽することはできない。なぜなら本質的にはそれはあい変らず一つの事物なのであって、消尽へと促す運動は、外部からそれにやって来るしかないからである。

3 法とモラル

帝国は普遍的な事物であり(その普遍性は空虚を露呈しているが)、その本質は暴力を外部へと方向転換することであるけれども、まさにちょうどそうである度合に応じて帝国は、必然的に法を発展させることになる。その法は事物たちの秩序の安定を保証するのである。実際、法はそれに加えられた侵害に、外的な暴力による処罰を課す。法は、各々の事物(あるいは各々の個人-事物)が他のものたちとの間で義務として守らねばならぬ諸関係を規定しており、そして公的な権力による処罰という手段で、それらの義務関係が確かなものとなるよう保証している。ただしここでは法は、個人の内的な暴力による処罰という手段で、同じような諸関係を保証しているモラルの二重語〔同一語源から生じ、形態と意味の異なる語〕以外のなにものでもないのである。

法とモラルはそのいずれもが等しく、各々の事物が他の事物たちと取り結ぶ関係の普遍的な必然性を定義しているという点において、それらの場を帝国の内に持っている。しかしモラルの力は、外的な暴力に基礎を置く体系に対しては無縁なものとしてとどまっている。この体系にモラルが触れるのは、ただ極限において、つまりそこでは法が全的に統合されるような極限においてのみである。そしてこの一方と他方との結び付きは、帝国から外部へと、また外部から帝国へとそこを経由して通過が行われる中間項をなしているのである。

II　二元論とモラル

1　二元論の定置および聖と俗の境界の移動

軍事秩序の世界というレヴェル、そもそも初めから普遍的な帝国へと向かう運動の中にあるそのような世界のレヴェルで、意識は事物たちの世界を明確に測定する反省的思考のうちに判明に区切られて決定されるのである。そしてこのように意識が独立して決定されるということが、二元論という形において、世界の表象＝観念のうちにある深い変化をもたらすよう作用することになる。

もともと原初的には、神的な世界の内部で、吉で清浄な要素が不吉で穢れた要素に対立していたのであった。そしてそれらは双方ともに、等しく俗なるものから隔てられたものとして現われていた。しかしながら反省による思考の主たる動向を考慮していくにつれ、神的なものは清浄さに結びついて現われ、俗なるものは穢れに結ばれるように現われてくる。こうして本来の基本的与件から出発して、徐々に変化する横滑りが成就することになるのである。このもともとの与件においては、神的な内在性は危険なものであり、聖なるものとはまず第一に不吉で、災厄をもたらしかねないもの、近づくものを感染によって破壊するものであって、また一方そこにおいて吉なる精霊たちは、俗なる世界と神的な諸力の奔騰の間をとりもつ媒介者であり――だから暗黒の神々に比較すればその聖性の度合は低いように思えるのであった。

このような古くから発生した徐々の横滑りが、ある決定的な変化を触発することになるのである。反省による思考はモラルに関わる諸規則を定めるけれども、そうやって諸個人と社会との間の、あるいは諸個人同士の間の普遍的な義務の関係を言表するのである。本質的に見てこれらの義務関係とは、事物たちの秩序が安定するように保証しようとする関係である。ときにはそれらは、内奥次元が基礎づけている禁止のうちのあるものを採りあげることもある(たとえば殺人の禁止のように)。しかしそういう場合モラルは、内奥次元に基づく諸規則のうちで選択する。つまりいろいろな禁止のうち、普遍的な価値が授けられそうもないもの、明らかに神話的な秩序の気まぐれな自由さに由来するものは、モラルは遠ざけるか、少なくとも支持しないのである。そしてたとえモラルが規定する掟=法のうちの一部分は宗教から踏襲したものであるとしても、モラルは他の掟=法をそうするのと同じように、それらを理性において基礎づけ、事物たちの秩序に結びつけようとするのである。モラルの言表する諸規則は、俗なる世界の性質から一般的な形で由来するものであり、持続を保証するもの、つまりそれなしには操作ということがありえないあの持続を保証するような規則なのである。だからモラルは、瞬間のうちにその意味が与えられるものを最高の場所に置くあの内奥次元の価値尺度とは正反対のものである。モラルは、富＝財をこれ見よがしに誇示する仕方で破壊するという鋭く現われる形態（たとえば人身供犠、あるいは流血をともなう供犠そのもの……）を非難し、断罪する。さらに一般的に、あらゆる無益で、有用性のない消尽を断罪するのである。ところでモラルが可能となるのは、神的な世界のうちで至高性が暗黒の神から純白の神へと横滑りしてずれていくときにのみ、つまり不吉な神から現実秩序の守護神へと徐々に横滑りしていくときにのみなのである。実際モラルは、神的な秩序によって認可されることを前提として想定している。こうして神的なものが現実界に操作を及ぼす能力があると認めることによって、人間は実際上神的なものを現実に服従させたのであった。ということはつまり人間は、しだいしだいに神的なものの激烈さ＝暴力性を緩和して、モラルがそうであるような現実秩序の認可へと還元していったということである。ただしそれが実現するのは、現実秩序がまさしく、モラルという形において、理性の普遍的な秩序に服するという条件が充たされる場合なのである。事実理性とは、事物（それ自身に対し自己同一的な）の普遍的な形態であり、また操作の（そして行動の）普遍的な形態でもある。理性とモラルが結び合わされて、つまり事実として、現実秩序を保存する必要性とその操作を行う必要性からともに引き出されて、理性とモラルはちょうどこの現実秩序に対し、好意的な至高権を行使する神の機能と一致することになるのである。理性とモラルは、神《ディヴィニテ》を理性的＝合理的なものとし、モラルの源泉であるとみなすようになる。まさしくモラルと理性が、神的なものとされていく運動そのものの中で、そうするのである。

以上のように見てくると、一般的に二元論という名が与えられているような世界観の諸要素が現われてくるのがわかる。その世界観は、原初の世界表象とは、それもまたある種の二分法に基づく表象ではあるけれども、その世界表象とは、境界の移動によって、また価値の転倒によって異なっているのである。

原初的な世界表象においては、聖なるものは内在的であり、人間と世界との動物的な内奥性＝親密性を基点として与えられている。他方で俗なる世界は、物＝客体の超越性のうちに与えられている。つまり物＝客体は内奥性＝親密性を、すなわちそれに対して人間性が内在的であるような親密な内奥性を持たないが、そういう物＝客体の超越性のうちに与えられている。物＝客体を取り扱うことのうちに、また一般的に言って物＝客体たちとの諸関係、あるいはそのようなものとみなされた主体たちとの諸関係のうちに、理性とモラルの諸原則は現われるのであるが、それははっきり外に明示されたのではない形で、が、それでも俗なる世界に結びつけられた形において現われるのである。

聖なるものは、それ自身二つに分割されている。すなわち黒く、不吉な聖性が、白い、吉なる聖性に対立しており、それらどちらかの性質を分かち持つ神々は、理性的でもないし、モラルに関わるのでもない。

ところが逆に二元論が進展していくと、神的なものは理性的で、モラルに関わるものとなり、不吉な聖性を俗なるものの側へと投げ棄てるのである。精神《エスプリ》の世界（それは原初的な精霊《エスプリ》たちの世界——そこでは内奥次元というなんの区切りもない未分化状態に、物＝客体の判明に区切られた諸形態が付け加えられていたような世界——とはほとんど関係を持たない）は、イデアという知的理解による世界であり、その統一性は分解されることはできない。吉なるものと不吉なものへの二分割は、物質《マチエール》の世界において再度見出されることになる。その物質の世界では、感覚的把握による形態は、あるときには摑むことができる（それ自身との同一性のうちに、そしてまたそれの可知的な形態との同一性のうちに。さらにはその操作能力において）。だが、またあるときには摑むことができず、揺動して止むことがなく、危険で、不完全にしか知的理解がなされない。するとそれは偶然性、暴力性にほかならず、安定した諸形態、操作に適した形態を破壊するかもしれないと脅かすのである。

2 神的なものの内在性の否定
および神的なものを理性の超越性のうちに定置すること

変化のモメントは、一つの移行のうちに与えられている。つまりある激昂状態において、超越性の突然の運動のうちに、感覚的把握による物質はのり超えられ、知的理解による領域が啓示されるのである。そういう領域としての知性あるいは概念は、時間の外に位置づけられて、一つの至高な秩序として定義される。そして事物たちの世界は、ちょうどかつて神話体系の神々に対してそうしたように、その秩序に服従する。だから知的理解による世界は、神的なものという外観を持つようになるのである。

しかしながらこうした可知的世界の超越性は、原始宗教の神的なものがそうであるような、はっきり定めにくい超越性とはまた違った性質からなっている。もともと原初的には、神的なものは内奥性から発して捕捉されたものだった（つまり激しい暴力性から、叫びから、盲目的で知的理解をうけつけない、噴出状態にある存在から発して、また黒い、不吉な聖なるものから発して捕捉されたものだった）。かりにそのような神的なものが超越的であったとしても、それは、現実秩序の中で行動している人間、しかし祭礼によっていつも内奥次元へと戻されていた人間にとっては、ある仮の、一時的な様式でそうであったというに過ぎない。だからこの副次的な超越性は、知的理解による世界のそれとは、つまり感覚的把握による世界と永久に切り離されている可知的な世界の超越性とは深く異なっていたのである。二元論が深化していくうちに到達する超越性とは、一つの世界が他の世界へと移行することである。いやもっと適切に言うと、この世界の外へ出ること、あるいは端的に言って世界の外へ出ることである。——なぜなら可感的な世界と対比された可知的な世界とは、ある別の世界というよりも、世界の外にあるものだからである。

二元論的な世界概念を抱く人間は、この世界とそういう人間との間にもはや内奥性＝親密性がないという点において、原初の人間とはまさしく正反対である。この世界は彼にとって事実上内在的ではあるけれども、しかしそれは次のような制限内においてそうなのである。つまり彼はもはや内奥性の人間ではなく、事物の人間であり、彼自身判明に切り離された個体であるのだから一つの事物なのだが、まさにそういう制限内において、かろうじてそうなのである。おそらく原初の人間も内奥性の感染しやすい暴力に絶え間なく参入し続けていたわけではないが、もし原初の人間がそれから遠ざかったとしても、祭礼はいつでも、ほぼ望みどおりの周期ごとに、原初の人間をその内奥の暴力性へと連れ戻す力を保っていたのである。ところが二元論的な世界概念の水準では、古来の祝祭のうちのいかなる名残りも、反省的思考の人間、反省的思考によって構成される人間が、その成就の域に達するときに、内奥性を喪失した人間ではないようにすることはできないのである。おそらくそういう人間にとっても、内奥性は疎遠な、異邦のものというのではないだろう。その人間が、内奥性についてなにも知らないとは言えないだろう。なぜなら彼は無意識的にせよその漠然とした記憶を持っているからである。そしてこの内奥性の無意識的記憶《レミニッサンス》こそがまさしく彼をある一つの世界から外へと、つまりそこには彼が内奥性に対して抱くノスタルジアに応じるようなものはなにもない世界から外へと送り返すのである。そういう世界においては、彼が反省的思考をめぐらせる事物たちは、彼から深く切り離されており、そして存在たち自身も交流しえない各自の個別性のうちに維持されている。だからこそ彼にとって超越性は、けっして一つの切り離し、分離の価値を持つのではなく、ある回帰の価値を持つのである。おそらくそれは接近不可能なものであろう、というのも超越性であるのだから。つまりその超越性は、その操作の過程において、操作を実行する者がその操作の結果に対して内在的ではありえないという不可能性を定めるだろう。しかしながら、もし彼がそうであるところの個人がこの世界から外へ出ることはできないし、彼自身の諸限界をのり超えるものに密接に結ばれることもできないとしても、彼は目覚めのうちに、ある跳躍のあいだに、摑みえないものを、まさしく一つの〈既視《デジャ・ヴュ》〉のように逃れ去るものをかいま見るのである。〈既視〉とは彼にとって、彼が見るものとは絶対的に異なっている。なぜなら彼が見るものとは、いつも変らず彼自身から切り離されており、――そしてそれと同じ理由によって、それ自身からも切り離されているからである。〈既視〉とは、彼にとって知的に理解されるもの、彼の裡にあの無意識的な記憶《レミニッサンス》を目覚めさせるもの、がしかし諸々の感覚的な所与の侵入のうちに、ただちに失われるものである。というのもそれらの感覚的所与は、また新たにあらゆる方向から分離＝切り離しを創立するからである。この切り離された存在こそまさしく、〈それ〉が〈それ自身〉から切り離されているという点で、一つの事物なのである。すなわち〈それ〉とは、事物であり、分離＝切り離しである。だが、反対に〈それ自身〉とは一つの内奥性であり、それはなにものからも切り離せられない（その内奥性から分離していくもの以外からは。つまりたとえば〈それ〉のように、そして〈それ〉とともに切り離された事物たちの世界全体以外からは）。

3　感覚的把握による世界を理性によって排除すること、および超越性の暴力

内奥性の超越というパラドックスのうちには、あるきわめて強い効力がある。そうした内奥性が超越する運動とは、与えられた内奥性の否定に、つまり超越性がそうであるような与えられた内奥性の完璧な否定に起因して生じるのである。それはどういうことかと言うと、与えられた内奥性とは内奥性の正反対のもの以外ではけっしてないということである。なぜなら与えられるということは、必然的に一つの事物のような様態で与えられるということだからである。それはすでに一個の事物として存在することであって、その事物からは必然的に内奥性は切り離されている。内奥性はそれが与えられるという運動の中で、それ自身から逃れ去ってしまう。実際失われた内奥性が再び見出されるのは、事物たちの世界から外へ出ることにおいてなのである。だが、実のところ事物たちの世界はそれだけで世界なのではない。そして、ある純粋に知的理解によるもの（それはまた目覚めのうちに、ひとたびかいま見られると、純粋に知的理解を絶するものでもある）へと向かう純粋な超越性は、感覚的把握による世界の内部において一つの破壊行為であるけれども、その破壊行為はあまりに全体的であり、かつまた同時に無力でもある破壊行為なのである。

原始世界における事物の破壊は、おそらく効力と無力さを対立し合うような形で持っていた。その破壊行為はたった一回の操作によって、事物を普遍的な形で解体したのではなかった。それは世界内に、非人称的に存在する暴力性がそうであるような否定作用によって、ある一つのまさしくこれという事物を、個々に破壊したのである。ところで先ほどみた超越性の運動は、その否定作用において、暴力性が破壊する事物に確かに対立しているけれども、それに負けず劣らずその暴力性にも対立しているのである。このような分析に従って眺めると、超越性の運動というこの大胆な突出が小心さを持つことがよくわかる。その突出は疑いもなく原始的な供犠が持っていたのと同じ根本的な意図、つまりある避けがたい運命に応じて、事物たちの秩序を解除すると同時に保全するという意図と同じものを持っているのである。もし超越性がこの事物たちの秩序を解除するとしても、それはこの秩序を引き上げて、解除の結果生じる現実的な効果を否定するよう促しながらそうするのである。ということはつまり理性とモラルの超越性は、激烈な暴力性に反対して(力の奔騰の感染しやすい猛威に反対して)、事物たちの秩序を認可することに至高権を与えるのである。供犠の操作がそうするのと同じように、それは暴力の事実上制限つきの奔騰をそれ自体として非難し、断罪するのではなく、というのもそういう激発や奔出は世界の内で事物たちの秩序の傍らに権利を占めているからだが、むしろそれらの奔騰がこの事物の秩序を危険に陥れるや否やそれを悪と決めつけるのである。

供犠の弱みはやがてついにはその効力を失うことであり、そして最終的には聖なる事物たちの秩序を、つまり現実的な物=客体たちの秩序と同じくらい隷従的なそういう秩序を命じてしまうことであった。それでも供犠が深く肯定したこと、すなわち激烈な暴力性こそが危険な至高性を持つということは、少なくともある一つの不安を維持しておく傾向があった。つまり内奥性へのノスタルジアを、その水準までわれわれを引き上げる力を持つのは暴力性のみであるが、そういう内奥性へのノスタルジアを目覚めた状態に保っておくような不安を、そのままにしておく傾向があったのである。ところが超越性においては、まさにその超越する運動の瞬間にある稀有な暴力性が解放され、自由に跳梁するのは確かであるとしても、そしてそのような激烈な力は可能性の目覚めそのものであるのは事実としても、——まさしくこれほど全的な激烈さ=暴力性は長いあいだそのままに維持されることはできないから、二元論的な目覚めという態勢［position］は、やがてそれにひき続く睡眠状態へと導入する序曲の意味を持つのである。

超越性をともなう二元論に続いて定置される状態は、世界を二つの原則に分割するという眠りこまされたような態勢である。つまりそのどちらの原則もこの世界内に含まれ、その一方は同時に善と精神の原則であり、他方は悪と物質の原則である（こうした眠りこまされたような態勢は、見たように原初からの横滑りのうちにすでに与えられていたものであり、睡眠のみがそれを容認するよう手助けするのである）。そうするとそれ以降は、現実秩序の帝国がそれに見合う代償を支払うこともなしに与えられることになり、そこでは隷従こそが至高性として君臨する。こうして一つの世界が、つまりそこにおいては自由な暴力性が消極的＝否定的な場しか持てないような世界が、定義されるのである。

III 媒介作用

1 モラルに関わる神の一般的な弱さおよび悪の力

まさしく目覚めこそは二元論の意味なのであるから、それにひき続く避けがたい微睡《まどろ》みは、悪を主たるものとして定置する態勢を再び導入することになるのである。二元論は超越を欠く場合、平俗さへと限界づけられているが、その平俗さを逃れようとして精神は、悪が至高性を持つ状態へと開かれる。つまり激しい暴力の奔騰がそうであるような悪の至高性という状態へと開かれるのである。見てきたとおり目覚めは当然なものとして善の至高性を内に含んでおり、二元論的な態勢がやがて到達する微睡《まどろ》みこそがそういう善の至高状態を完成するのであるが、その状態はまた事物たちの秩序への還元であって、そこには激烈な暴力性へと回帰する方向以外に出口は残されていないのである。こうして鈍重な二元論は、あの目覚め以前の態勢に回帰することになる。するとそれ以降、不吉な世界は、かつてそれが原始的な態勢において持っていたのと同等の価値であると感じられるような価値を取り戻すのである。もっともこうした不吉な世界の重要性は、純粋な暴力性が至高性を有していた状態と較べると小さいものだ。というのも純粋な暴力性は、悪という意味など持たなかったからである。が、とにかく悪の諸力は、練り上げられた反省的思考の枠内においては聖なる価値を持たなくなったけれども、その神的な価値を失うことはけっしてなかった。そしてそうした悪の力が、一見すると下位なものとして位置づけられたからといって、単純なる人類がその悪の勢力圏のうちで生き続けることを止めたり、妨害されたりするなどということはありえないのである。そこにはさまざまな形態が可能であろう。たとえばまず、その力を還元するのは不可能とみなされた暴力性に対する憎悪による崇拝が、盲目的な意識の関心を捉えるということがありうる。そしてもしもこのような憎悪による崇拝が、後になって穢れを浄化する祓いを目ざすという口実の下に、全面的に悪へと身を開くことを伴うとしたら、そういう関心は公然と口に出されるだろう。またたとえば悪は、つまりまさしく悪そのものが、混濁した意識に向かって、善よりも自分のほうこそきみにとってもっと親しく、貴重なものだと語りかけることもありうる。しかしながら二元論的な態度のさまざまな形態は、結局のところ精神にある横滑りをおこす可能性以外はけっして提供できないのである（その精神はいつでも二つの両立しがたい要請、すなわち事物たちの秩序を解除することと保存することという要請に、同時に応えねばならない）。そこで媒介作用ということのうちに、もっと豊かな可能性が、その限界内に十分な横滑りをうまく配置しながら与えられるのである。

二元論の主たる弱みとは、それが激烈な暴力性に正当な場を提供するのが、感覚的把握による世界を理性によって排除するという瞬間、純粋な超越性が作動する瞬間においてのみだという点にある。ところが善に関わる神は、この高度な純粋性に自己を維持することはできない。それでその神は事実、感覚的把握による世界の内へ再び落ちこんでしまう。この神は、その信者の側からは内奥的交流を追求する対象なのだけれども、こうした内奥性への渇きはけっして癒されないだろう。なぜなら善とは激烈な暴力性の排除なのだが、一方そうした激しい力なしには個々に切り離された事物たちの秩序に亀裂が入ることもないし、内奥性もありえないからである。理論上では、善に関わる神はそれが暴力性を排除するために用いる暴力性にのみ限界づけられている。だが、実際上はその神が神聖で、内奥性に到達しうるのは、ただひとえにその神が厳密には排除してしまうことができなかったあの旧来の暴力性を、自らの内部に保っている程度に応じて、その範囲内においてそうなのである。またそうした度合や範囲にちょうど応じて、その神は理性の神ではない、つまり善の真実であるような理性の神ではないのである。以上のことから原則的に考えると、モラルに関わる神が萎縮していき、それに応じて悪が力を持つ状態が促進されると思われる。

2 悪による媒介作用および復讐の神の無力さ

悪による第一の形態の媒介作用は、いつでも可能なものであった。もし私の眼前で悪の現実的な力が私の友を殺すとすれば、激しい暴力性は内奥性をその最も活発な形で導入することになる。暴力を被ったという事実によって私がそうなる開かれた状態の中で、また死者の内奥性が苦痛に充ちて啓示される中で、私は残酷な行為を非難し、断罪する善の神に同意しているのである。だから私は罪がもたらした神聖な無秩序のうちで、壊された秩序を修復するような暴力性に訴えかけようとする。しかしながら私に神々しい内奥性を開示したのは、実のところ復讐ではなく、罪のほうなのである。そして復讐は、罪がそうである非理性的な暴力性の延長になることはありえないが、まさにその範囲に応じて、罪が開いたものをすぐに閉じてしまうであろう。なぜなら神的な感情を与える復讐とは、暴力の奔騰への情熱や嗜好が命じるような復讐だけだからである。合法的な秩序を修復するということは、本質的に言えば俗なる現実に服従しているのである。このように見てくると、まず第一に可能だと思われた媒介作用は、善に関わる神の例外的とも言えるほど横滑りしやすい性質を明白にする。つまりその善の神とは、暴力性によって暴力性を排除する神性なのである(そしてその神は、排除される暴力ほどには神々しくない。すなわちその神性が生じるために必須の媒介作用であり、そのように排除される暴力に較べると、神的な度合は低いのである)。だからその神が神的であるのは、それが善と理性に対立する範囲や程度にまさしく応じて、その限りにおいてのみそうなのである。それでもしその神が純粋に理性的なモラル性を体現しているとするならば、その神に残っている神性とは、ただ神としての名称と、外部から破壊されるものではないものが持つ持続に適した傾向とに由来する神性だけに過ぎないのである。

3　神の供犠

媒介作用の第二の形態においては、暴力性は外部から神《ディヴィニテ》へとやって来る。神自身がその暴力を被るのである。復讐の神を位置づける場合と同じように、内奥次元が回帰するためには罪が必須のものとして求められる。もしそこに事物たちの秩序に服した人間と、モラルに関わる神しかいなかったとしたら、その両者の間には深い交流はありえないであろう。事物たちの秩序のうちに包括された人間は、その秩序を解除し、かつ同時に保全することは、そうしたいと願ってもできないだろう。そういう秩序が一つの破壊行為によって解除されるためには、悪の暴力性が介入しなければならない。だが、ここでは捧げられる犠牲は、それ自身神なのである。

媒介作用の原理は、献上された供物が、内奥次元への一つの通路を、つまり内奥性への還路を開くために破壊される供犠のうちに与えられている。しかしながら供犠という媒介作用においては、供犠執行者の行為は原則として神的な秩序に対立しているのではないのである。なぜならその行為は、まさにそういう神的な秩序の性質を、直接的に延長しているのであるから。それとは逆に、善が至高性を持つ世界がそれは罪であるとして定義したような罪は、モラルに関わる神にとって外的に存在する。悪の暴力を被る者は、供犠においてと同じように媒介者と名づけることも可能ではあるが、しかしそれはその者が自ら進んで、その恐ろしい、無化する力に身を委ねようとする程度や範囲に応じて、つまり自己を断念しようとする度合にちょうど応じてそう名づけることができるのである。だから復讐の神に訴えかけた、あの単なる悪の犠牲者は、この媒介者という名を受けるわけにはいかなかった。というのもその者は、媒介作用の暴力を自分の意志によって招いたのではなく、ただ受身的に被っただけであったからである。それに対し、ここでは神は自ら進んで罪を呼ぶのであり、そういう媒介作用は、暴力と、そして暴力によって引き裂かれる存在との共同の作業なのである。

実のところモラルに関わる神の供犠は、人々がよくそう言うほどはかりがたい神秘というわけではけっしてないのである。犠牲として供えられるのは、奉仕し、服従するものである。だから至高性としてあるべきもの自身が事物たちの秩序に服従し、奉仕するように還元されてしまうや否や、その至高性は、それが一つの事物となっている限り、それを破壊することによって以外神的な次元に復原されることはありえないのである。ただしそのことが前提として仮定しているのは、神性が、現実的に（身体的に）廃棄されてしまうような一個の存在のうちに位置づけられうるということである。このようにして激烈な暴力性が事物たちの秩序を解除し、そしてまた保全するのであるけれども、それは、場合によって追求されることもあり、されないこともあるような復讐とはまったく独立して行われるのである。供犠に捧げられる神は、それが死に至るときに、現実秩序を転倒する力の奔騰という至高な真実を受けいれる。だが、この神はその真実を自分自身のほうへとふり向けるのであり、それでそれ以降この神は、それ自身の内部で、もはやこの現実秩序に服従せず、奉仕することもないのである。つまりこの神はこうして、事物たちがそれ自身現実秩序に服従しているのと同じようには、その秩序に隷従することを止めるのである。

このようなやり方で、その神は至高な善を、そして至高な理性を、事物たちの世界の保存という原則、またその操作という原則を超えた地点まで高め、引き上げる。というかむしろ、こうした知的理解による諸形態から、ちょうどかつて超越性の運動がそれから作り出したものを作り出すのである。すなわち存在の非可知的な彼岸を、つまりその神がそこに内奥性をすえるところの、あの知的理解を超えた彼岸を作り出すのである。ところでさきほど見たように超越性とは、その暴力性の運動が悪とは別に独立して与えられていた（つまり感覚的把握による世界から理性を引き剝すことのうちに与えられていた）のだが、そういう超越性よりもずっと強い形で、この神の供犠という形態は、与えられるさまざまな暴力性を一般的に排除することに緊密に結ばれている。この神が事物たちの秩序から自己を引き剝すためには、それなしではすまされなかったあの暴力性そのものでさえ、ありうべからざるものとして拒まれ、投げ棄てられるのである。だからこの神は、それが非難し、断罪するものを通じてしか神的なものとして留まれないのである。

4　神的なものが操作に委ねられること

本来なら存在しないはずのものであった媒介作用というパラドックスは、ただ単にある内的な矛盾に基づいているというだけではない。それは一般的に、現実秩序を解除することと維持することのうちに矛盾が生じるよう命じているのである。媒介作用から出発して、現実秩序は、失われた内奥性を探求する方向へと服従させられるのであるけれども、しかし内奥性と事物とが深く分離している状態をうけて、それにひき続くのは多様な形での混同なのである。つまり内奥性は——すなわちそれが救済なのであるが——、個体性という様態において、そしてまた持続の様態（操作の様態）において、まるで一個の事物であるかのようにみなされてしまうのである。操作が命じる持続しようとする気遣いから出発して、内奥性にはその一つの基礎として持続が与えられる。それと同時に内奥性は、一群の操作の結果として、つまり現実秩序の諸操作と類似した操作、そして現実秩序のうちで追求されていく操作の結果であるとして定置されることになるのである。

事実、内奥次元が現実世界を服従させることがあるとしても、それはまったく皮相なやり方でそうするにしか過ぎないのである。モラルが至高性として君臨する体制の下では、内奥性の回帰を保証すると自負するあらゆる操作は、実は現実世界が要請するような操作である。つまりその回帰の条件として設定される広範囲にわたった諸々の禁制は、本質的に見て、事物たちの世界を無秩序な混乱から保全しようとする狙いを持っているのである。それで最終的には、救済を求める人間は、事物の秩序というこの生産的な秩序を、内奥次元がそうであるような破壊的な消尽に服従させるよりもずっとはるかに、事物の秩序の諸原則を、内奥次元の内部へと導入してしまったのである。

このように媒介作用による世界、かつまた救済に関わる仕事＝作業による世界とは、そもそも初めからそれ自身の限界を破って横溢するように定められている。その世界では、ただ単にモラルが断罪するような諸々の暴力性があらゆる側から解放され、自由に跳梁するというだけではない。そこではまた、一方の側にある現実秩序に服従し、奉仕するような救済に関わる仕事＝作業と、他方の側にある現実秩序を逃れるような仕事＝作業との間に、ある暗黙の論争が設立される。厳格なモラルは、後者の、現実秩序に背を向ける仕事＝作業に反対し、異議を申し立てるが、それでもそうした仕事＝作業はそれらの有用な資源や資力を、その贅沢な破壊へと、つまり建築とか典礼とか、あるいは瞑想に耽る無為・閑暇とかいうその豪奢な破壊へと捧げるのである。

IV　産業の飛躍的発展

1　神的な内奥性と現実秩序との間の関係が皆無となる状態の定置

基本的に言って媒介作用による世界は、仕事＝作業［œuvres］の世界である。そこでは人は、ちょうど羊毛を紡ぐのと同じ仕方で、救済に値するよう、神の国に入れるように生きる。すなわち人はそこでは、内奥次元に応じ、激烈な衝動に促されて、計算を排除しながら動くのではなく、むしろ生産の世界の諸原則に応じて、来たるべきある結果を目がけて動くのであり、その結果のほうが瞬間における欲望の充足よりも重要なのである。是非とも、という場合には、非生産的な仕事＝行い［œuvres］が、ある程度の充足の余地をこの世界内に留保している。たとえば現世に神的な光輝さの（つまり内奥性の）反映を導き入れることは、賞讃すべき功績《メリット》となることである。ところでこの行為は、人々がそれに付与する功徳《メリット》としての価値に付け加えて、その価値を瞬間のうちに持っている。しかしそういう行為の可能性はどれも救済に関わる操作に服従しなければならないので、そうした功徳となる行為と神的な光輝そのものとの矛盾が、なによりもモラルに関わる仕事のうちで、つまり理性においてその正当性が認められるようなモラル的な仕事のうちで、さらにいっそう苦渋に充ちたものとなるのである。

仕事＝作業がその結果としてもたらすことは、やがてついには神性《ディヴィニテ》を——そして神性への欲望を——、また新たに事物の俗なる性格へと還元してしまうということである。神的なものと事物との根本的対立、神的な内奥性と操作の世界との根本的な対立は、仕事＝作業の価値を否定することのうちに際立つ——つまり神の恩寵と諸々の功徳《メリット》との間に、関係が皆無であると断定することのうちにはっきり浮き出るのである。仕事＝作業の神的な価値を否定するということは、——第一に感覚的把握による世界を理性によって排除すること、第二に神を供犠において殺害することにひき続いて——神的なものを、事物たちの秩序から引き剝がす第三番目の様態である。しかしながらこの感嘆すべき拒否は、雨を避けようとして河に身を投げる狂人を思わせる。おそらく仕事＝作業の〔功徳としての〕価値を拒むことは、媒介作用による世界の諸種の妥協に対する筋の通った批判であるが、しかしそれは申し分のない批判ではない。救済の原則とは、失われた内奥性への回帰を未来という時間のうちに、そしてこの世界の彼岸のうちに維持しておくものであるが、それは内奥性への回帰の本質を十分認識していないのである。というのもその回帰の本質は、自分がそうではないものに服従させられることが可能ではない、というだけではなく、それが瞬間においてしか——そして現世の内在性のうちにしか——与えられることはできない、ということにあるからである。救済を彼岸へと遅延したままに維持しておくこと、そして仕事=作業の価値を否定することは、内奥性が再発見されることができるのは私にとってでしかないということ——これら二つの項〔内奥性と私〕がともに現在的である場合でしかないということ、——つまり私がなければ内奥性もない、ということを忘れることなのである。それ自体へと復原された内奥性というものも、もしそれが私を逃れてしまうならば、いったい何を意味するだろうか？　前に見たように理性の超越性は、瞬間のうちに、無意識的な記憶《レミニッサンス》を通じて、思考を、感覚的把握による世界の牢獄から引き剝がした。そしてまた神的なものを現実秩序から解き放つ媒介作用は、もしかりに現世を放棄することがあるとすれば、そんな放棄は一種の無-意味にほかならないという理由によってのみ、仕事=作業の無力さを、つまり功徳としての価値に関する無力さを導入するのである。いずれにせよ神的な内奥性を、神的なものとそして人間との内在性の可能性として定置することは、ある一点において、即座にそうする以外不可能なのである。ところが仕事=作業の価値を否定することにおいて、神的なものを超越性として位置づけることは、彼岸と現世との切り離しを完成することになる。つまりそれ以降、現世は事物へと還元され、そして神的な次元は、——それがかつて宗教的な祭儀とか記念建造物などに導入されていたようには——、もう現世に導き入れられることはできないのである。

このような断念は、ある意味で最も必然的な断念である。つまり人間は全面的に現実秩序に結びつけられ、またさまざまな操作の企図に自己を限定しているのであるが、ちょうどまさにそうである程度や範囲に応じて必然的な断念だと言うのである。しかし問題は仕事=作業に関わる人間の無力さを示すことではない。人間を仕事=作業の秩序から引き剝がすことこそ問題なのである。ところが仕事=作業の価値を否定するということが遂行するのは、まさしくその反対である。それは人間を仕事=作業へと委ねてしまい、そしてそこに閉じ込める。このようにして、その意味を変えてしまうのである。仕事=作業の価値の否定は、内奥次元に服従した仕事=作業の世界というもともとの世界の代わりに、ある別の世界を置くことになる。つまりそこでは仕事=作業の至高性が成就するような世界、自分自身の発展以外に目標を持たないような仕事=作業の世界を代置するのである。するとそれ以降は生産活動のみが、現世において手の届くものであり、関心にふさわしいものとなる。非生産的な破壊という原則は、彼岸においてしか与えられず、だから現世にとっては価値を持たないものとなるのである。

2　生産と非生産的破壊との諸関係の概観

このように仕事＝作業の神的な価値を否定することによって開かれるのは、自律的な事物たちが君臨する状態である。それは一言でいうと、産業の世界なのである。

原始的な社会においては、理論上では、事物たちの世界が内奥の暴力性にとって目的として与えられていた。しかしそのように与えられるためには、一つの条件が充たされる必要があったのである。それはつまりこの激烈な暴力が至高なものであるとみなされること、事実上それが真の目的＝究極であることであった。生産を気遣うことは、不安による一種の留保にしか過ぎなかった。実際、生産は非生産的な破壊に服従していたのである。

軍事秩序においては、事物たちの世界が自由に処理しうる資源や資力は、閉じられた諸共同体を普遍性の方向へとのり超えようとする帝国の拡大に、原則としてふり向けられることに定まっていた。

ただし軍事的な活動は、あるがままの事物たちの秩序のために、普遍的な価値と形態を望むこと以外はしないのである。

帝国の諸限界がまだ到達されていない程度や範囲にちょうど応じた形で、生産はその目的を主として軍事力増強においていた。そして帝国がその限界にまで達してしまうと、軍事力は前面から背景へと遠ざけられたのである。そもそも帝国を合理的に組織化するために必要な物資を留保しておくことを別にすれば、生産された資力＝資財の使用に関する点では、事物たちの秩序の内奥次元に対する関係は、少なくとも初期の段階では、ちょうど原始社会においてそうであったような両義的な関係として維持されていたのである。だから生産は、非生産的な蕩尽に服したままであった。

帝国の拡大が限界に到達すると、媒介作用がそれに劣らず両義的な、そしていっそう複雑な関係をもち込むことになったのである。理論上は、生産活動や生産物をどう使用するかということはモラルに服従させられていた。ところがモラルと神的な世界とは、相互に深く滲透し合っていたのである。神的な世界は、自らが非難し、断罪したものから、つまり暴力性による否定作用からその力を引き出したのだった。そしてその世界は、モラルの現実的な基盤と、だからすなわち事物たちの秩序と混り合うことになったのだが、それでも神的な性格を保ったままとどまったのである。こうした条件において、原始世界の公然たる矛盾にひき続いて生じた事態は、生産物を消尽する神的なものの名目的な優位を、見かけ上取り決めることであった。そしてそれは、その神的なものの優位を、同じように名目的な優位、つまり生産活動に結ばれたモラル的な秩序の優位によって、理論的にはそれと相違を示すことのないようなやり方で、厳密に覆ったのである。原始社会におけるような両義性は、まだ持続していた。しかしその原始社会では、諸資財の破壊はそれが非生産的な性格（神的な性格）を持つという理由そのものによって、生産活動を活発化させるとみなされていたのに対し、媒介作用による社会は、救済という非生産的な目的を自らに提起しながらも、生産的な操作という様態に基づいて、その目的に到達しようと望んだのである。このようにどちらにも傾くことのありうるようなパースペクティヴにおいて、非生産的な破壊は事実として一部分至高性を保持したけれども、一般的には生産的な操作の原則が意識を支配したのである。

それ以降は、自律した生産的操作が君臨する状態に至るためには、その操作の神的な価値に異を唱えるだけで十分だった。つまりそういう操作の効果＝結果が、神的な次元において発揮されるのだと自負しているものである限りにおいて、その操作の価値に異議を申し立てるだけでよかったのである。したがって操作に関わる諸々の行為が、再発見される内奥性に比較して（つまり救済に、あるいはこの世界内に神的な光輝を導入することに較べて）、服従した価値を持つということはなくなったのである。こうして操作的な諸力が無際限に発展していく道が開かれた。内奥次元と事物たちの秩序との分裂が完了した結果、生産はその原初的な目的＝究極から（つまり生産の超過を非生産的に破壊するということから）解放されることになった。そしてまた媒介作用に基づくモラルの諸規則からも自由になることになったのである。したがって生産の過剰は、生産設備の拡張とか、資本主義的（あるいは後期資本主義的）蓄積などに捧げられることが可能になったのである。

3　還元の完了した世界あるいは事物たちの君臨

失われた内奥性を太古以来探求してきた人類＝人間性《ユマニテ》は、しかしこうしてもっぱら生産をこととするに及んで、その探求を放棄するのである。生産を至上のものとみなす人類も、操作による道の空しさを意識してはいるけれども、ただ自分に属している道だけによって、そういう空しいものではないものを、もうそれ以上長きにわたって探求することは不可能なのである。

人間たちはこのように語り始める。「生産力が次々と拡大していくような世界をうち立てようではないか。そうすればわれわれは、自分が必要とする物質的生産物の要望にますます応じられるようになるだろう。」

すぐにも感じとられることは、人間が自分自身、自律的な事物に関わる人間になっていくにつれて、これまでよりもさらにいっそう自分自身から遠ざかっていく、ということである。こうした分裂が完了すると、人間の生は決定的にある一つの運動に、つまりもはや彼が命令を下すのではなく、その結果がやがてはついに彼に恐怖を抱かせるような運動に、はっきりと委ねられてしまうのである。論理的にみて当然この運動は、生産のある重要な部分を新しい諸々の生産設備の設置のために投入する。すなわちこの運動は、産出された資財の過剰を激しい力とともに消尽する可能性（生産の量に釣合ったやり方で強烈に消尽する可能性）を廃棄してしまったのである。実際、生産物がそれを消費する人々に引渡されるのは、ただそういう消費者が、必要な貨幣を手に入れるために、生産手段の発展という共同の仕事＝作業に協力して働くことを受諾する場合だけである、と事実上決っている。この発展という仕事は巨大な事業であって、それ以上に好ましいことはなにもないのである。またそれ以上良いことはなにもなしえないことも、確実なのである。もし人々がなにごとかをなすとすれば、明らかにそれはその事業に参加することであるに違いない。かりにその例外があるにしても、それはただなにか革命的な手段によって、そうした事業をもっと合理的なものに（つまり発展という方向にそってもっと効率のよいものに）するべく戦うこと以外ではないだろう。だから服従と奉仕にこそ至高性が委ねられるという原則に、異議を申し立てるものは誰一人いないのである。

実際、服従＝奉仕が至高性を持つ状態を打ち破るようなものとして、それに対抗しうるものはなにひとつない。なぜならかつて至高なものであった存在体《アンテイテ》たちのうち、前に進み出て、まったく至高な仕方で「私に服従し、奉仕せよ」と言うことができる者は、ひとりとしていないのであるから。

人類の総体は産業という仕事＝作業に同意したのであり、その仕事の傍らに残存していると主張するものは、いわば失墜した至高者のように見えることになる。人類の総体が正しいのは明らかである。というのも産業の飛躍的発展に較べれば、その他は取るに足らないことと思えるから。このようにしておそらくその総体は、事物たちの秩序へと還元されるままとなったのである。しかしながらこうして還元が一般的に生じること、事物が完全に成就することが、人間の事物への還元という問題を、意識的に、かつ全面的に展開した形で提起するための必要な条件なのである。なぜなら内奥性が事物よりも多くの妥協をすることなしに自己を肯定し、はっきりと際立つことができるのは、ただ事物が全てを還元してしまった世界においてのみだからである。つまりかつて事物に対立していたものが、どっちつかずの曖昧な位置づけの惨めさをはっきり示し、――そして横滑りがおこることの不可避性を明らかに示す――、そんな世界においてのみだからである。生産手段の巨大な発展のみが、生産の意味を充分に啓示する力を持つのであり、その意味とは諸々の富を非生産的に消尽すること――内奥次元が自由に奔騰することのうちに、自己意識が成就することである。実際、自己自身への回帰を遂行する意識が、意識自身を意識自身に自己啓示する瞬間とは、そしてまたその意識が、生産とはその生産物自身の消尽へと捧げられているのだということを直視する瞬間とは、まさしく生産の世界がその生産物をどうすればよいのかもはやわからなくなるような瞬間なのである。

4　事物についての明晰な意識の成就あるいは学問＝科学

自己についての明晰な意識が成就する条件は、学問＝科学であり、それは現実秩序についての（つまり物＝客体たちの世界についての）明晰な意識が完了することである。科学とは、事物たちが自律しており、なにものにも依存していないということに緊密に結ばれている。そして科学はそれ自身、事物たちについての意識の自律にほかならないのである。意識は内奥次元から、つまりそれは認識という面においては神話的なものの次元なのだが、そういう内奥次元から自己を別方向へそらせてはいるけれども、その意識も神話的な諸限定に依存する状態にあった限りは、物＝客体についての明晰な意識であることはできなかった。道具が物＝客体の超越性を命じていた原初的な態勢においては、意識がその対象＝客体を定義するのは、ただ精霊という混沌とした形態においてのみなのである。したがってこの意識は、切り離された様式で（つまり超越的な様式で）客体についての明晰な意識であるのではなかった。すなわち客体についての判明に区切られた意識は、それでもまだ自己感情の状態から脱却していなかったのである。供犠に注意が集中している状態においては、意識は少なくとも俗なる事物を顧慮することから、またその犠牲の内奥性を顧慮することからも切り離されていた。だが、そのとき意識は全体として不安の内にあって、聖なるものという不可解な感情に憑きまとわれていた。こうして客体たちについての明晰な意識が与えられていたとしても、それはただ注意の本質部分がそこから自分を別方向へとそらせていた程度や範囲にちょうどまさに応じるような形でのみ与えられていたに過ぎなかったのである。帝国の組織化へと（つまり普遍性の組織化へと）進む運動のうちで、操作的な諸形態が重要となっていくにつれて、また製造の技術が発達していくにつれて、注意の一部分は再び事物たちの世界のほうへ連れ戻された。そして主として事物たちのほうへと向いた注意においてこそ、諸種の判断の一般的な自由とか矛盾などが可能となったのである。人間の思考は、神話的次元が及ぼす堅固な限定を逃れたのであり、それで客体たちが明晰、かつ判明に区切られて認識される科学という仕事へと赴くことになったのである。このようにして精確な明晰さが意識の内へ導入され、その明晰さが意識の理性的な様態を編成したのである。ところが明晰な認識の用具が練り上げられていくにつれて、その用具を内奥次元の認識のために用いることが試みられるようになった。こういうわけで明晰な意識には、ある雑種的な内容が与えられたのである。内奥次元とは根底からして非現実的なのだが、その恣意的な神話的諸表象を脚色して、客体たちについての意識がそうであるような論理的な形態にうまく適合するよう按配したのである。それ以降、内奥次元は認識の全ての領域に、至高性をおびた諸決定を導入したのであるけれども、しかしそうした決定は内奥次元それ自身を表わしているのではなく、現実秩序の諸原則の影響を被りながらもその内奥次元が内奥的なままとどまることができるような妥協の産物を表わしているのである。こうして意識が言表することはそのように雑種的な性格を示していたが、学問＝科学が少しずつそれを逃れるようになったのは、内奥界と現実界との分裂が完了した状態になってのみ、つまり自律した事物の世界においてのみなのである。しかしながら科学はその成功が確実になっていくにつれて、人間を人間自身から完全に遠ざけてしまい、科学者という種のうちに、生が全面的に現実秩序に還元されてしまう状態を実現するのである。このようにして認識と活動とが、お互いに競い合いながら、しかも一方が他方に服従することなく発展していくと、ついにはまったく完全に現実的な世界と、同じく完全に現実的な人間が創設されるに至る。そしてそういう現実的な世界と人間を前にしては、内奥の次元が自らを表象しようとしても、それはただえんえんと続く口ごもりによってしか表象されないのである。このような口ごもりは、それがまだ一般的に現実原則に向かって内奥性原則を対立させる能力を持つという点で、並々ならぬ力を保持してはいるのだが、しかしそうした口ごもりを〈善意〉が迎え入れようとしても、その善意は、どんなときでも失望し、落胆するほかないという徒労感を刻印されている。というのも口ごもった声は、なんと柔弱そうに思えることだろう！　そうした声の横滑りは、現実を明確に表現することに比較するとなんと無力きわまりないものだろう！　権威も正統性も全面的に事物の側に、生産の側に、生産された事物についての意識の側にある。その残余は全て虚偽であり、混沌である。

しかしながらこのように不平等な情況において、問題はついに明確に提起されることになるのである。内奥次元を現実的な世界と人間の正統性や権威に釣り合うまで引き上げないとすれば、それは内奥次元を不当に貶めたままにすることである。そしてそのように引き上げることとは、まさしくさまざまな妥協に代わって、科学によって整序された明晰かつ自律した意識の領野に、内奥次元の諸々の内容を啓示することを前提としている。つまりそれは学問＝科学が客体たちを明らかにするために練り上げたランプを、内奥性の方向へと導いていくような〈自己意識〉を前提としているのである。

5 自己意識

練り上げられた科学を内奥次元の認識に用いることが正統性を持つとすれば、それはまず最初に内奥性の人間たちに関する、諸々の自律的な言表に、ある種の学問的な形態を与える可能性を除外する。客体に関わる〔客観的な〕認識と内奥性との関係のうちには、おそらくある最初の差異があると認められるのであって、その差異が示すところによれば、物＝客体はそれを照明する光が現われるのをいつも待つことができるのに対し、内奥性は光を求めるに際してもその光が的確に投影されるのを待てないのである。もし内奥次元の復原が明晰な意識の面の上でなされるとしても、そしてもしそれが明晰な意識――それのみが内奥性をその横滑り状態から引き出す力を持つ――の正統性と権威を望むとしても、そういう復原はしかしながら内奥的な実存を中断したり、宙吊りにすることによってなされるわけではありえないだろう。そして明晰な意識の意志がそこで賭けられ、危険にさらされるのだが、まさにちょうどそういう程度や範囲に応じて、内奥性は判明に区切られた認識の面の上で、即座に、瞬間的に与えられるものとして現われるであろう。判明に区切られた認識と内奥次元とを一致させるのが困難である理由は、時間におけるそれらの存在様式が対立しているということに拠っている。神的な生命は直接＝無媒介的であり、瞬時なものであるが、認識は宙吊り状態とか待機などを要求する一つの操作なのである。神的な生命の時間における即時性に対応していたのが、神話であり、また横滑りする思考の諸形態であった。一つの内奥的な経験が神秘主義を放棄することは、おそらく可能であろう。が、しかしその経験はそれが生じるたびごとに、一つの全的な問いに対する全的な応えであらねばならぬだろう。

こうした条件においては、客観的な認識という形態のうちに与えられた要請に適切に応えることは、誰であれ非-知を措定することによる以外できないであろう。ある根本的な非-知を肯定することが他の点からも根拠づけられるという事実は別にして、こうした仕方で賭けられているものについての明晰な意識は、そもそも初めから神的な生命を、自らの晦冥な性格の承認へと、つまりその生命が言説的な認識に向かって開く夜の承認へと結びつける。明晰な意識と内奥次元の奔騰とのこの直接的な＝瞬時の一致は、ただ単に伝統的な諸々の前提を否定することのうちに与えられるというだけではなく、次のような決定的に定式化された仮説を、当然なものとして含んでいるのである。「内奥性は明晰な意識の限界であり、明晰な意識は、内奥性に結びついた事象を変容させることを除いては、内奥性についてなにひとつ明晰かつ判明に区切られた様式で知ることはできない」（われわれは激しい不安についてなにも知らない、激しい不安が不可能な＝ありえない操作という事実のうちに含み込まれている程度や範囲にちょうどまさに応じて知られる以外には)。このようにして自己意識は、直接=即時性と操作とを同時に要請するディレンマをかろうじて逃れるのである。直接=即時性の要請にのみ応える即座の=直接的な否定は、むしろ操作を事物たちの方向へ、それゆえ持続の領域の方向へとそらせてしまう。

これまで内奥次元を位置づけてきた伝統的なやり方は弱みを持っているのであるが、それは実際にそういう位置づけ方がいつも変らず内奥次元を操作の中に含み込ませてきたという事実にある。すなわちある場合には内奥次元に操作を行う効力を貸し与えたり、またある場合には操作から出発して内奥次元に到達するよう努めたりしてきたのである。自らの本質を操作のうちに位置づける人間も、自分の裡で操作と内奥性との間になんの絆もないようにすることができないことは、明らかである。さもないとすれば、内奥性か、あるいは操作かのどちらかが、廃棄されてしまったことにならねばならぬだろう。そうではなくて、ただ彼がなしうることは、操作によって事物へと還元されたのだから、逆の操作にとりかかること、つまり還元の還元へととりかかることだけである。

言いかえれば、これまで宗教が行ってきたさまざまな位置づけ方の弱みとは、事物たちの秩序による悪しき変化を一方的に被ってきて、その事物たちの秩序を変えようと試みなかったという点にある。媒介作用による諸宗教は、全て一致して、事物たちの秩序をそれがそうあるままに残しておいた。というのも、ただモラルという諸限界をそれに対立させることだけしかしなかったからである。だから原始的な諸宗教と同じように、明らかにそれを保存しようとしていたのである。つまり事物たちの秩序を解除するとしても、それはひとえにその安定性を保証するという条件においてのみそうするのであった。最終的には、現実原則が内奥性に打ち勝ったのである。

自己意識が要請しようとすることは、実のところ事物たちの秩序を破壊することではないのである。内奥次元は、事物たちの秩序を真に破壊することはできない（それはちょうど事物たちの秩序が、内奥次元をけっして端の端まで破壊することがなかったのと同様である）。しかしながらこの現実的な世界、その発展の頂点にまで達したこの現実世界は、それが内奥性にまで還元されうるという意味において破壊されることがありうる。もしこう言うのがふさわしいなら、意識は内奥性が意識へと還元されうるものにすることはできないが、しかし意識は自分自身で、その諸々の操作をもう一度、逆向きにやり直すことができる。そしてその結果そうした諸操作は、極限的には自らを廃棄することになり、そして意識自身が厳密に内奥性へと還元されるようになることがありうるのである。むろんのことこの逆‐操作は、意識の運動に対立するようなものはなにも持っていない。それどころかこの逆‐操作はその意識の運動を成就するのであり、それで最終的には意識は深い地点においてそうであるものへと――つまりまずわれわれ各人が意識とはそういうものであるといつも知っていたものへと還元されるのである。そういう仕方で意識が還元されるのを見出すことになったとしても、驚くものは誰もいないだろう。しかしながらそれはある意味においてしか明晰な意識ではないであろう。それが内奥性をまた見出すのは、夜においてでしかないだろう。そのためには意識は判明に区切られた明晰さの最高度にまで到達してしまっているであろうが、意識は人間の可能性を、あるいは存在の可能性をかくもみごとに完了することになるはずなので、それは世界に内奥的であり、親密に交わっている動物の夜を、判明に区切られた様式で再発見するだろう――そしてそこに意識は入っていくことになるだろう。

6 事物たちの一般的な破壊

一方の側にわれわれはまず、明晰な意識をその練り上げられた形態において手にしている。他方で、生産の世界、事物たちの秩序は、その生産物をどうすればよいのかわからなくなるような地点にまで発展してしまったのである。前者の条件が破壊を可能にするとすれば、後者の条件は破壊を必然的にする。ただしこのことは天上界においてなされるわけではない。言いかえると、通常宗教的な事象がそこで進行するような非現実界でなされるのではないのである。それどころか決定の瞬間は、最も貧相な側面を、最も内奥性から遠ざかった側面を考慮することを要求する。いまや人間が事物へと還元される世界の最下層まで降りていかねばならない。

たとえば私は自分の部屋に閉じこもり、そしてそこで私を取り囲んでいる物＝客体たちの明晰で、かつ判明な意味を探すことができるであろう。

ここに私の机があり、椅子があり、ベッドがある。それらはそこに労働の結果としてある。それらを作り、私の部屋にすえつけるためには、現在という瞬間の利益＝関心を断念しなければならなかったのである。事実私自身も、それらの費用を支払うために働かねばならなかった。すなわち理論的には、それらを作り、運搬した労働者の労働と同等の有用性を持つ労働によって、私はその代価を払わねばならなかったのである。労働の生産物であるこれらのもののおかげで、私は仕事をすることができ、またさらには私の生存を保証し、私自身の労働の継続を保証してくれる肉屋や、パン屋や農民の労働に代償を支払うことができるだろう。

さていま私は自分の机の上に、大きなコップになみなみとつがれたアルコールを置く。私は有用なことをしてきた。それで机を買い、コップ等々を買ったのであった。

しかしこの机はいまはもう労働の手段ではない。それは私がアルコールを飲むのに役立つのである。

このように私は机の上に飲酒のためのコップを置くのであるが、ちょうどまさにそうである限りにおいて私はその机を破壊したのである。あるいは少なくとも私は、その机を作るために必要であった労働を破壊したのである。

むろん私はまず初めにぶどう栽培者の労働を全面的に破壊した。しかし私がワインを飲んでも、家具製造者の労働はほんのかすかな度合しか破壊することはなかった。ただ少なくともこの部屋の中にあるこの机は、むろん労働の連鎖で重くつながっているのだが、ある時間のあいだ、私が奔騰に身を委ねるということ以外の目的は持たなくなったのである。

さてこんどは、私が仕事机で働いて稼いだ金をどう使用したかを思い出してみよう。もし私がこの金の一部分を浪費したとしたら、また残りの金のおかげで生活することができるようになった時間の一部分を浪費したとしたら、机の破壊はすでにもっと高い程度まで進んでいることになる。

かりにもし私がたった一回で、瞬間をその後髪から捉えたとしたら、それに先立つ時間は全て、この捕捉された瞬間の力の及ぶ範囲内に既にあるのであった。それで私がその瞬間にまで到達することを可能にしてくれたあらゆる生活上の瑣事やあれこれの仕事などは、突如として破壊される。つまりそれらはちょうど河が大海へと流出して消え失せるように、この微細な瞬間という海の中へ無限に流れ出して、空っぽになるのである。この世界には、取るに足らない瞬間のうちに決定的に消失すること以外の目的＝究極を持っているような巨大な企てなどはないのである。事物たちの世界は、それが解消されていく余剰なものとしての宇宙においてはなにものでもないのと同様に、莫大な努力もある唯一の瞬間の取るに足らなさの傍らに置かれるとなにほどでもない。それは自由な、が、しかしまた服従した瞬間、みすみす時間を失ってしまうのを恐れるせいで、些細な操作のうちにこっそりと拘束され、加入している瞬間であり、だから取るに足らぬという語の侮蔑的な語感を正当化するのである。

以上のように見てくると、自己についての明晰な意識の一つの根底として、内奥的な瞬間に解消され、破壊される物＝客体たちを考慮すべきであるという視点が導入される。それはある意味で、互いに一方が他方を食べる動物の情況への回帰であり、物＝客体と私自身との差異の否定である。あるいは意識の領野の上での、それとしての物＝客体たちの一般的な破壊である。私はこの机を私の明晰な意識の領野の上で破壊するのであるが、ちょうどまさしく私がそうする範囲や程度に応じてその机は、世界と私との間の判明に区切られた、そして不透明な遮蔽幕《スクリーン》であることを止めるようになる。しかしながらこの机は、もし私が自らの行う破壊の諸結果を、現実秩序のうちで与えないとしたら、私の意識の領野の上で破壊されることはありえないだろう。現実秩序の還元を現実的に還元するということは、実のところエコノミー秩序のうちにある根本的な転倒を導き入れるはずである。もしエコノミーの運動を保全する必要があるのならば、問題となるのは、超過する生産が河のように外へと流れ出すような地点を決定することである。つまり生産された物＝客体たちを限りなく消尽すること——あるいは破壊すること——が、問われるのである。たしかにそのことは最小限の意識なしでも行われることが可能だろう。が、しかし明晰な意識が優位を占める程度や範囲にちょうど応じて、実際に破壊される物＝客体たちは、人間たち自身を破壊しないであろう。個体としての主体の破壊は、なるほどそれとしての物＝客体の破壊のうちに含まれている。けれども戦争がその不可避的な形態であるわけではない。とにかく戦争はその意識的な形態ではないのである（少なくとも、もし自己意識が、一般的な意味において人間的であるはずだとするならば、そうである）。

……とみなす者へ

明晰な意識に由来するようなある一つの宗教的な態度を位置づけること、そしてまた宗教のエクスタシス的形態を排除するのではないとしても、少なくともその神秘主義的形態を除外するような宗教的態度を位置づけるということは、現在の世界において与えられているさまざまな宗教の態勢［position］が持つ弱みを修復しようと気遣う人々の精神を占めている融合の試みとは、つまり多くの宗教を一つに融合しようとするような諸種の試みとは深く異なっている。

宗教界において諸々の感情・意見の不一致にたじろぐ人々、さまざまな宗規をつなぐ絆を追い求める人々、そしてローマ教皇庁の高位聖職者にサンニャーシン(*10)を対立させるものを、あるいはキルケゴール的な牧師にスーフィ教徒(*11)を対立させるものをどうしても否定したいと望む人々、そういう人たちは、もう既に内奥次元と事物たちの秩序とのある妥協から生じたものを、――あちらこちらで――完全に骨抜きにしてしまうことになるのである。激しい暴力性と意識とを結び合わせるために必要な男性的な力から最も遠く離れた精神は、「総合《ジンテーゼ》」の精神である。個々ばらばらにさまざまな宗教がその可能性として啓示したものをまとめて総和しようとする気遣い、そしてそれらに共通している内容から、普遍性にまで高められた人間の生の原則を作り出そうとする気遣いは、その結果がまったく風味を欠くものであるとはいえ、非難しようがないように思える。しかし人間の生とは可能な限り最も遠くまで導くべき一つの経験である、とみなす者にとっては、そういう普遍的な総和はどうしても必然的に、その時代における宗教的感性の総和なのである。総合とはいちばん明瞭な形で、この世界を次のようなものに結びつける必要性を啓示しているものである。つまり宗教的感性が時代におけるその普遍的な総和においてそうであるところのものへと、この世界を決然と結びつける必要性を啓示しているものなのである。このような明確な啓示、すなわちいま現在活動している全ての宗教的な世界は失墜していることがこのように明確に啓示されるということは（そもそもそういう失墜の様子は、一つの伝統の狭さを放棄するこれらの総合的な形態のうちではっきり際立っているのであるが）、これまでありえなかった。というのは宗教感情の原初的な表われが、ちょうど聖刻文字《ヒエログリフ》のように、つまりただ形式的な解読のみが可能であるような聖刻文字がそうであるように、その意味《シニフィカシオン》とは独立してわれわれにとって出現していた限りにおいて、そうした啓示はありえなかったのである。しかしながらもしその意味が与えられるならば、とりわけもし供犠という行動、いちばん不明確だが最も神的であり、最も共通性のある供犠という行動が、われわれにとって閉ざされたままであるのを止めるならば、人間の経験の総体がわれわれに戻されることになる。そうしてもしわれわれが自分自身明晰な意識の最も高い度合にまで高まるとすると、われわれの裡でそれはもはや服従した事物ではなく、至高なるものなのである。そして世界におけるそういう至高なるものの現存は、足のつま先から頭の天辺まで、動物性から学問＝科学に至るまで、また原初の道具からポエジーの非‐意味に至るまで、普遍的な人間性の現存なのである。至高性とは総体を活気づけている、自由な、そして内的に引き裂くような激しい暴力性の運動を示している。それは涙や、エクスタシスや哄笑のうちへと解消されていき、そして笑い、エクスタシスあるいは涙のうちに不可能なものを啓示するのである。だが、このように啓示された不可能なものとは、もはや一つの横滑りする態勢ではない。それは自己についての至高な意識、まさしくもはや自己から自己をそらすことのない至高な自己意識なのである。

人間の生とは可能な限り最も遠くまで導くべき一つの経験である、とみなす者へ……

私は自分の思想を表現しようと望んだのではなく、ただきみ自身が考えていることを不分明な状態から引き出す手助けをしたいと望んだだけである…

きみはその右脚が左脚と違うほどにも私と異なるわけではないが、私たちを結び合わせるのは、**怪物を産み出す——理性の睡り**(*12)なのである。

付録

総体を示す図表および参照文献

私の考えでは、さまざまな可能性が次々と継起しながら発展していくありさまを、展望図的な様式において一目で見渡すことができるような図表を提示すべきであると思う。(*13) この図は発展の弁証法的な性格、つまりそのさまざまな段階が対立から対立へと、また停滞から運動へと動的に進んでいく性格を強調している。なんといってもこの図の利点は、とにかく明確であるということだ。

ところが残念なことに、この明断さには不都合がないわけではないのである。というのもその明断さは、私の論考が備えていると自負するある種の効力を奪ってしまう傾向があるからである。

そうすることが可能である限り、ぜひともまず私は、先行する論理の運動を、それが意識の最終的な状態のうちで持つような形態において与えたいと願った。つまりそういう先行する論理の運動を、歴史上の、または民族誌上の諸形態が練り上げられていく過程からは切り離されたものとして与えたいと熱望したのである。だからこそ私は歴史上の、民族誌上の諸形態に関して議論することや、参照関係を指示することを除外したわけである。

私見によれば、ここで検討したような諸々の発展は、個々に特殊な諸現実とは明白に異邦なものであるので、そうした個別=特殊な諸現実の分析にこれらの発展を結びつけるのは、それだけいっそう望ましくないことであった。というのも個別=特殊な諸現実はその定義からして、これらの発展が表わしている必然性にある気まぐれなやり方で、しかもいつも不完全な様式で応えているだけだからである。さらにもう一つ言うと、こういう必然性は、ある一つの定まった時期に不可避的であったということはけっしてないのに、それでも全面的に力を及ぼしたということがありうるのである。私がお互いに繋り合っているものとして提出した形態たちは、時には一方が他方の後から前後関係に従って発展したものであるという可能性もある。また私は、ある運動の諸段階を、あたかもそこに非連続があったかのように分節化して示さねばならなかった。ところが実は連続していることこそが規則であり、それゆえ過渡的な諸形態が歴史においては非常に重要な場所を占めているのは明らかなのである。それと同様な仕方で混同を生じさせているのは、さまざまな雑種的な形態、つまりきわめて異なるいろいろな文明がかつて接触し合うことによって発生した雑種的な形態が存在するという事実である。そしてまた最後に付け加えると、あるなんらかの段階において規則どおりに与えられる諸条件が、もっと後の段階でも再び見出され、力を及ぼすということがありうるのも明白である。

私がとったこうした態度は、いかにも無造作過ぎるように見えるが、それは起こる可能性のあるさまざまな議論、いやもっと正確に言えば当然起こらねばならぬ諸種の議論に先手を打って、邪魔しようというわけではもちろんない。繰り返すことになるが、この論考は完成ということにはほど遠いような作業なのである。そしてまさしく完成した仕事とは、もしそういうことが可能であるとして、起こるかもしれないし、起こらないかもしれないさまざまな議論の結果として生じるはずのものだろう。ある特殊な一点に対する異議提出を、大きく素描された総体の堅実さに対する異議申し立てに結びつけてしまうのは、よくみられる錯覚である。この総体はそれ自身、私が自分でさまざまな異議提起を行った挙句にその結果として成立したものであり、そうした多くの異議のうち一つとして総体を豊かにするのに役立たなかったものはないのである。もっともある一定地点を超えてからは、私はこの総体を目につくほど変える必要は感じなかったのではあるが。論考の全体的なまとまりがいったん与えられたあとでは、正当な根拠のある反論は、その反論を述べる人がすぐそう考えたがるような攻撃ではなくて、一つの援助となるのである(たとえばミルチア・エリアーデの友情ある討論参加を挙げることができるのを幸いに思う。[*14]なかでもそうした討論のうちのあるもののおかげで、私は〈最高存在〉を精霊たちの世界の内に位置させることができたのである)。そして総体的なまとまりは、歴史的な世界の気まぐれな諸データから必然的に遠ざからねばならないのは確かであるけれども、そういうデータのうちで、総体へと還元するよう試みる必要のないようなものは一つとしてないのである。それで総体は、こうしたさまざまな還元によってうまく軌道に乗せられていくのであるが、ちょうどまさにそうなっていく程度や範囲に応じてのみその総体は、他の人々に対し、彼ら自身の思考の内容をさほど困難もなく啓示することができるようになるだろう。

私としては、思索の開かれた運動という考え方に人々が慣れるよう手助けしたいものだと思う。この運動は隠蔽すべきようなもの、怖れるべきものなどはなにも持たない。ただし思考の結果が奇妙なことにも、対立や競争という試練に結びつけられているのは確かである。自分が思考していることと、その思考の表現が持つことになるような現実的な権威とを完全に分離することができる人は、誰一人としていない。そういう権威が獲得されていくのは、次のようなゲームの規則によって運用される活動においてである。すなわちその伝統的な規則、いくぶん恣意的な規則の定めるところによれば、自分の考えを表現する者はその思想に関して、あたかもそれがなんの欠点もない、決定的な操作であるかのごとく思わせなければならぬとされるのであるが、そういう規則に従って行われる活動の中でその権威は得られるのである。それは大目に見てやってもよい喜劇にしか過ぎないが、しかしそれは思想を、その現実的な歩みとはなんの関係もないような派手に誇示する身振りのうちへと孤絶させてしまう。ちょうど鳥が翼や尾を見せびらかせる仕種にも似たそういう身振りとは異なり、思想のほんとうの歩みは必ず苦悩に充ち、開かれており、いつも援助を求めているが、けっして賞讃は求めていないような歩みなのである。

このような形で本稿において私が従った方法の正当性を示すのはよいとしても、それを盾に取って、この方法の真に不都合な点から目をそらせてしまうわけにはいかない。それはつまり知的理解の可能性に関わる点である。そもそも諸種の表象とは、それが参照にしている諸現実から脱け出す時から出発して初めて（つまりそれらの現実のうちのなにかこれこれというものに実定的に基づく、ということから脱して初めて）その十分な意味を持つのであるにもかかわらず、もしそれらの表象が一般的に歴史上の諸形態を明らかにしてくれるのでないとしたら、そういう表象について十分な理解を持つことにはならないのである。だからここで示された図表は、詳細な参照関係を指摘することを一貫して避けるはずであったけれども、どうしてもそれにひき続いて、その図表の中のいろいろな形象の助けを借りて歴史的なことがらを解明してみる必要が生じたのである。

そうは言っても、ここではひとつの例を挙げることでとどめておきたい。それは、こうした解釈の様式にとって欠くことのできない自由さを一般的に示す、という意図でもって選ばれた例である。

たとえば正確を期すために言及しておくのが無駄ではないと思えることなのであるが、イスラム社会はその総体として、与えられた諸々の定義のうちのある唯一の定義にのみもっぱら応じているような形態として考察されることはできないのである。確かにイスラム社会はそもそも初めから軍事秩序であって、力と軍事的征服を目的としないような活動を、他のどんな社会よりも厳格に限定している。しかしイスラム社会は次のような個別＝特殊性を示しているのである。つまりそれは蕩尽＝濫費をことととする原始的な文明から、まったく突然に、非連続的な様式で軍事的な文明へと移行する。そしてまたイスラムは、その軍事的な文明のあらゆる可能性を実現するというわけではない。というのもイスラムは同時に、救済のエコノミーの発展を、ある意味で簡約化した形態において知ることになるからである。したがってそれはその最初の段階においては、軍事秩序の全ての性格を持つのでもなく、また救済のエコノミーの全ての性格を持つこともないのである。一方ではイスラム社会は、明晰な意識の自律的な発展に、あるいは哲学の自律した発展に対し、まったく疎遠である（そうはいってもそれは、ビザンティン式の宗教的伝統様式厳守に対立するような徹底した偶像破壊によって、芸術の諸形態を理性へと還元することを、古典的軍事秩序よりもずっといっそう推し進めている）。他方ではまたそれは、媒介作用なしですませており、神的世界の超越性、つまり外部へと方向転換された暴力という軍事型の原則に呼応するような神的世界の超越性を維持しているのである。ただし原始イスラムにとって真なることが、後期イスラムにとってもそうであるということはけっしてない。回教帝国がその成長の限界に達するや否や、イスラムはある完璧な救済のエコノミーなのだった。ただその媒介作用の諸形態が、キリスト教ほど際立ったものではなく、またそれほどパセティックなものでもなかったというだけのことである。イスラム教もキリスト教と同じように、多大な濫費を要するような精神生活を知っていた。神秘主義と修道制度は発達していたし、芸術は原則として偶像破壊という限界のうちに維持されていたものの、それでもあらゆるやり方で合理主義的な単純化は免れていたのである。イスラム体制は、内的な暴力性が比較的に弱い役目しかはたしていないという事実によって、救済のさまざまなエコノミーのうちでも最も安定しているもの、つまり一つの社会の固定性を最もよく保証するものでさえあると言える。

一つの方法をこのような形で適用することによって示したいことは何かと言うと、まず一方で、ある図式においていろいろ図示されたものと現実との間には、それらを分かつ距離があるということ、そして他方で、その距離を後になってから還元する可能性がありうるということである。

次に参照関係を指示する試みを行おうと思うが、この指示もさきほどと同じ留保の下においてなされるのは言うまでもない。またいま述べた適用がそうであるのと同様に、そういう参照関係の指示もある独特な構成、つまりその基盤からやや奇妙な形で切り離されたような構成を示す性格のものである。私の論考のまったく自由自在な性格を維持しながらも、事後的にそれを、その源泉となったもののいくつかに一般的に結びつけることは可能であると、あるいはこう言ったほうがよければ、必要なことであると思われる。そこで私はいくつかの著作とどのような参照関係を持つかということを指示する形で、それを行いたいと考える。それらがどういう書物かと言うと、まさになんらかの仕方でこの「理論」に示されたような思考の作業へと向かって進んだ著者たちの書物、あるいはその内容が、私の歩みを導いたそれぞれの地点に目印を与えてくれるような著作である。

著者の名前のアルファベット順に従って、無作為的な順序で掲げたいと思う。

Georges Dumézil, *Mitra-Varuna*, 2e éd., Gallimard, 1948.

ジョルジュ・デュメジル『ミトラ-ヴァルナ』[*15]、第二版、ガリマール、一九四八年

ジョルジュ・デュメジルがその賞讃すべき労作において追求しているインド・ヨーロッパ神話体系[*16]の諸々の解釈、そしてとりわけこの『ミトラ-ヴァルナ』[*17]という著作――それは『ウラノス-ヴァルナ』（一九三一年）と『フラメン-ブラーフマナ』（一九三三年）を継承している――において示している解釈は、私が本稿で発展させた構成の仕方に呼応している。つまりジョルジュ・デュメジルはテーゼ、アンチテーゼ、ジンテーゼという形で意識的にヘーゲル的な方法を採っているが、それによると一方で純粋な暴力性があり（神的な世界の暗く、不吉な側面――ヴァルナとガンダルヴァたち(*18)、ロムルス(*19)とルペルクスたち）(*20)、他方には俗なる活動と一致・和合する神的秩序があって（ミトラとブラーフマナたち、ヌーマ(*21)、ディウス・フィドゥス(*22)とフラメンたち）、それらは互いに対立し合っているのである。そしてさらにそうした対立が、やがては外的で効率的な暴力性のうちに、つまり人間的でかつ合理的な軍事秩序の暴力性のうちに解消されていくことが示されている。

Émile Durkheim, *Les Formes élémentaires de la vie religieuse*, 2e éd., Alcan, 1925.
エミール・デュルケーム『宗教生活の基本形態』、第二版、アルカン、一九二五年
今日、エミール・デュルケームは不当に貶められているように思われる。私も彼の学説からは遠ざかるけれども、その本質部分を維持しないでそうするわけにはいかないのである。

Alexandre Kojève, *Introduction à la lecture de Hegel*, Gallimard, 1947.

アレクサンドル・コジェーヴ『ヘーゲル読解入門』、ガリマール、一九四七年

この著作はヘーゲル『精神現象学』の読解である。私が本稿で展開したさまざまのイデーは、実質的にこの本の中にある。残る問題は、ヘーゲルの分析とこの「宗教の理論」との照応関係をもっと正確にすることであろう。私の考えでは、両者の表象の仕方の相違を還元することは十分容易なことであると思える。主要な相違は、主体を破壊するということを、主体が客体に適合・合致するための条件——必然的に実現不能な条件——とみなす構想に関わっている。おそらくこのことはそもそも初めから論理的に当然なものとして、ヘーゲル的な「充足」に根源的に対立する精神状態を含んでいるが、しかしここでは対立するものは一致するのである（それらはただ一致するだけである。そして正反対のものたちがそこにおいて一致するような対立は、こんどはいかなるジンテーゼによってものり超えられないのである。すなわち個別的存在と普遍的なものとの統一性があるけれども、普遍性が真に与えられるのは個別性の媒介作用において以外にはありえない。しかしながら個体が非個体性のうちへと解消されることが、苦悩を（あるいは苦悩にみちた歓喜を）のり超えるのは、死においてのみ、または——成就した充足という死に比較されるような——アタラクシアの状態においてのみなのである。その結果生じる事態は、解消をエクスタシス以前のレヴェルに維持することになるが、それは解消とは言えない……）。ここで

アレクサンドル・コジェーヴの仕事を引合いに出したからには、次の一点を強調しておきたい。彼のヘーゲル解釈の正確さに関して世人がどんな意見を持つにせよ（しかも私としては、この点についていろいろ批判が可能であるにしてもそれはある限られた価値しか持たないと信じている）、この『読解入門』は相対的に近づきやすいもので、自己意識について考える場合の第一の用具であるのみならず、人間の生の多様なアスペクト——とりわけ政治的なアスペクト——を、あたかも子供が大人のする行為を眺めるようなやり方とはまったく違った様式で考察しうる唯一の手段でもある。現にこの内容を十分同化し、吸収しないうちは、誰ひとりとして文化を理解していると自惚れることはできないであろう。（さらにもう一点力説しておきたい事実は、アレクサンドル・コジェーヴの解釈はいかなる点でもマルクス主義から遠ざかるものではないということである。それと同様にここで提示された「理論」が、絶えずエコノミーの分析に厳密に基づいていることも容易に見てとれるであろう。）

Sylvain Lévi, *La doctrine du sacrifice dans les brahmanas.*

シルヴァン・レヴィ『ブラーフマナにおける供犠の教義』(*23)

供犠の解釈は、〈自己意識〉の根底をなすものである。シルヴァン・レヴィの著作は、そういう解釈のための基本的な文献の一つである。

Marcel Mauss, *Essai sur la nature et la fonction du sacrifice.*

Essai sur le don.

マルセル・モース『供犠の性質および機能に関する試論』

マルセル・モース『贈与論』

前者は、古代の供犠に関する歴史的な基本資料をみごとに集成した労作である。後者はそもそもエコノミーというものを、生産活動の超過を破壊する諸々の形態と結びついたものとして理解する全ての立場の基本となるものである。

Simone Pètrement, *Le Dualisme dans l'histoire de la philosophie et des religions,* Gallimard, 1946.

シモーヌ・ペトゥルマン『哲学史および宗教史における二元論』、ガリマール、一九四六年

シモーヌ・ペトゥルマンのモラルに関する立場(*24)は、古代グノーシス派のそれであるが、この小書の中で彼は二元論の歴史の問題をみごとな明確さで提示している。ここで示され

た基本資料から出発して私は、原初的二元論から精神‐物資の二元論への移行、あるいはもっと適切に言えば超越性‐可感的世界の二元論への移行を分析した。この著者によって考察されているのは、後者のほうの二元論のみである。

ベルナルディーノ・デ・サーグン Bernardino de Sahagun, *Histoire de la Nouvelle-Espagne.*『新イスパニアの歴史』

征服以前のメキシコの状態に関する、そしてとりわけメキシコの神殿で多数行われた人身供犠に関するスペイン修道士の調査報告である。実際にその供犠を目撃したアズテカ族の中に入って調査されたものであるこの報告は、供犠の持つ恐るべき側面について私たちが参照しうる、最も権威ある、かつ最も詳細な資料である。人間に関する、あるいは宗教に関する諸々の表象のうちで、その尖鋭な形態をとって出現する表象を、いわゆる怪物性とみなして闇の奥に残してしまい、その他の表象だけを取り上げるというようなやり方は、どうしても拒否せねばならない。そういう尖鋭な形態を通じて浮き出てくるイメージのみが、内奥的な諸運動、意識はそこから身をそらせるけれども、結局最終的には意識が再び見出さねばならぬ内奥性の運動にちょうど釣合うことができるのであるから。

R.-H. Tawney, *Religion and the Rise of Capitalism*, New York.

R-H・トーニー『宗教と資本主義の興隆』、ニュー・ヨーク

きわめて広汎な情報に基づくこの本の分析は、資本主義の起源に俗なる世界と聖なる世界との決定的な分離の重要性を示している。プロテスタンティズムは仕事＝作業＝行いの宗教的な価値を否定することによって、この分離の可能性を導入した。その結果、経済活動の操作的諸形態の世界が自律性を持つようになり、ついには——むろん長い期間の後で最終的に——産業上の蓄積が飛躍的に伸びることができるようになったのである。

Max Weber, *Die Protestantische Ethik und der Geist des Kapitalismus.*

マックス・ウェーバー『プロテスタンティズムの倫理と資本主義の精神』

マックス・ウェーバーのこの有名な研究は、初めて正確に蓄積の可能性そのものを（つまり富を生産力の発展へと用いることの可能性を）、現世といかなる関係も考えられない神的な世界の措定に結びつけた。その現世においては、操作的な形態（計算、エゴイズム）が、富の栄光ある消尽を根底的に神的次元から切り離しているのである。マックス・ウェーバーは、トーニー以上に宗教改革によって導入された決定的な変化を強調した。それこそが仕事＝作業＝行いの価値を否定することによって、また非生産的な蕩尽を非難す

ることによって、根本的に蓄積を可能にしたのである。(*25)

註

〔註はすべて通しノンブルにしてあるが、たとえば（5）のように数字だけの註はバタイユの原註であり、（＊1）のように＊印のついた註は訳者による訳註である。ただし次に説明するとおり、編者の手になる本文のヴァリアントやコメントは、訳註のなかに含めている。バタイユが未刊のまま残した草稿類を検討し、一九七四年にイデー叢書の一巻として公表する形にまで編集したタデ・クロソウスキーが、一九七六年に刊行した『バタイユ全集』第七巻において註記しているように、この『宗教の理論』には四つの原資料があり、それぞれにヴァリアントをなしている。その第一資料は、「宗教史概要」の講演（一九四八年二月二十六日、二十七日）を転写したものの最初の数ページである。これは次の第二資料作成のために推敲され、註を施したものである。第二資料は、バタイユの手書きの原稿である。第三資料は、この手書き原稿に修正を加え、タイプに打った写しである。このタイプ原稿はおそらく一九四八年から一九五三年の間に作成されたと思われ、そこには手書きによる書き込みもなされており、これが刊行された本文となっている。第四資料はたぶん一九五三年頃、『無神学大全』第五巻として計画された『非‐知の未完了な体系』のために、「動物性」の部分を新たに改稿したものである。ただし部分的にしか書き終えていない。この四つの資料に基づいて、編者が挙げているヴァリアントは、訳註のなかで提示することにする。〕

（＊1）第一資料（「概要」の転写）においては、この箇所および以下は次のようになっている。

緒言

（a）この「宗教の理論」は、一つのエスキスである。

私は問題の最終的な状態を追求することはせずに、ある種の動きに富む可能性を表わした。ゆっくりと待つのではなくて、私の思想をそれが成熟する地点まで導いていく以前に、表現しようと望んだのである。その意味では私は、一般的にいって、つね日頃私が自分の著述のなかでそんなことはしないほどの自由な振舞い方を、あえて自分に許したのだと言えよう。そのため私はしばしば混同を起こさせやすい種を撒いてしまったようだ。ただ私がそのことを残念に思うにしても、それは私が実際に、読者を取り違えへと導きやすい箇所を叙述のうちに含めてしまった限りにおいて、そう考えるだけのことである。どのようにすればそれを避けえたのかを私はいまでも知らないし、私が選択した方法に対しては、律義にずっと忠実でありたいと望んでいる。

おそらく哲学においても、絵画における次のような事態と同じことが問題となる場合があるだろう。すなわち画家の積み重ねる努力がそのエスキスの形のままで、完成したタブローよりももっと多くの重要性を孕み、もっと興味をそそるように思われる時が生じるという事態である。

こう言ったからといって私は、思考の作業の面に（その結果のほうをないがしろにしたまま）読者の注意を引き付けようと望んでいるわけではない。ただ哲学の本性のうちには、けっして終わることがないという性質が存するのであり、精神の作業は、それが決然たる意志によってある未完了な形のまま読者に委ねられた場合、たとえ半ば失敗作であったとしても、哲学的な営為の必然的に共同的な性格によりよく応じる可能性を持つのである。そしてそういう哲学的営為にこそ、人間存在は緊密に結ばれているのだ。

一つの哲学＝思想《フィロソフィー》はある一貫した総体としてあるか、さもなければ存在しないかのどちらかであると私も考えるが、それが一個人のなす事柄であって人類の行うそれではないゆえに、それは後に続くはずのものに一種の開口部を保持しておかねばならない。つまりまず私がそうである個人が今後営む思考に対して、そして次に他の諸個人が行う思想的営為に対して開かれていなければならぬ。それは一つの作業現場以外ではありえぬものであって、一軒の家であるかのごとくみなされるとすれば空しいものとなろう。（それでもこういう作業現場は、学問＝科学《シアンス》が進んでそうあろうとする作業現場とは深く異なっている。学問＝科学は未完了な性格を遠慮なく認めることができるが、哲学の未完了は思考が自決する一瞬であり、その開口は一つの盲点である。もっと射程の長いある意味においては、哲学は、なにも見えぬ盲目的な死に、沈黙に、十全に到達することはできないのである。ただ少なくともその未完了は、ある一つの権利の——沈黙の、死の、またおそらくさらにいっそう深い無意味さへの権利の——黙した肯定なのである。)

(b) 本書が従った方法に関する一つの重要な保留条項について。

とり急いで素描したこの概要においては、私は用語法を綿密に定めるまでに至らなかったが、その点に関しては償いようのない不都合であると認めねばならない(もっとも敏速に公表できるという可能性がそのおかげで与えられた面は別として)。

哲学的思考は完了することがなく、その未完了から自らの価値の一部分を引き出すと私は述べたが、それと同じことを、まだ十分厳密に定められていない用語法に関して主張するわけにはいかぬだろう……

(c) ここでさらに私はこの叙述の一般的な原則を、緒言のうちに提示しておかねばならない。

私は歴史上所与の諸形態(たとえば「供犠」とか「資本主義」のような)を、諸々の事実の歴史的な継起とは別の地点で表わしている。

私は論理的な順序を考慮しているのであって、年代順的な継起をそうしているのではない。それはちょうど『精神現象学』において、本来的な意味での歴史が外側に残されているのと同じである。どう見ても歴史は、その歴史がまさにそれらの結果としてあるような諸々の要請に、不承不承という仕方によってしか応えようとはしなかったと思える。歴史のめまぐるしい紆余曲折は、おそらく野原のなかで一匹の犬が行う右往左往に似ていたのである。

それにもかかわらず私が動物性から記述し始めるのは、総体としては私が時間の継起とともに展開した出来事を辿ろうとしたということを示すものである。

以下文章になっていないメモ風の語句が少々見られるが、省略する。


（＊2） 第三資料（タイプ原稿）には、この箇所に次のような手書きの書き込みがある。「『聖ジュネ』におけるサルトルの悔悟を、註として引用すること」。知られているとおり、バタイユはサルトルの『聖ジュネ』（ガリマール、一九五二年）に関して、重要な論評を行ったが（「クリティック」誌、六十五号、六十六号、一九五二年十月—十一月）、それは『文学と悪』に収録されている。


（＊3） 第二資料（手書き原稿）では、ここまでがずっと1をなしており、2の見出しが「動物は世界の内にちょうど水が水の中にあるように存在している」であって、それは「動物にとってはなにものも判明に区切られていない。動物はさまざまな情況に応じて多様な行動の仕方を持っている……」と始まっている。

また第四資料（「動物性」の改稿）では、この付近は次のようになっている。

〔…〕この情況は、ある動物が他の動物を食べるときに与えられている。

肉食獣はそれが餌食にする獲物に対して、事実上優越している。それにもかかわらず食べられる動物は従属者ではなく、それを食べる動物より下等な劣った者でもない。両者は同類としてとどまっており、一方が他方の上にあるとしてもそれは両者の力が量的に異なるだけである。いかなる動物も他の動物を、一人の白人が一人の黒人を視るのと同じ様式で、あるいはある正直者が法を犯した罪人を視るのと同じ仕方で視ることはない。白人が自分自身について抱く観念は、彼が黒人について持つ観念を超越しており、正直な人間が自分に関して抱く観念は、彼が罪人に関して持つ観念を超越している。これに対しある動物が他の動物を食べるとしても、他の動物と自分自身との間にいかなる距離も導入することはない。つまりそこを起点として超越性について語ることが可能となるような隔たりを、導き入れはしないのである。その動物は他の動物を食べるけれども、そういう差異から発してどんな優越性も肯定されることはない。それは他を食料として扱い、実際にそれを一個の事物とするけれども、その動物は自分が食べるこの事物にそれ自身対立することはできないのだ。自分が内奥においてそうである存在とこの事物が同類であったということを、その動物は否定しているのではなく、知らないだけである。そして同様に自分が殺した動物を一個の物《オブジェ》=客体にしたということも知らないのである。食料である獲物、つまり物=客体が、十分な持続性を持つ事物として、すなわちそれにふさわしいある一定の位置に場を占め、われわれが選びとろうとすればそこで手に入る物として捕捉されるのは、ひとえにわれわれが人間性としてある限りにおいて、その範囲と程度に応じてのことなのである。

そのときにはわれわれはこの物＝客体について、それはわれわれを超越していると言いうる。あるいはもしそうお望みなら、われわれはその物＝客体を超越していると言える。これに反して動物は自分がそうであるものに、自分がそうでないものを対比する可能性を知らない。動物は世界のうちで内在的に存在している。という意味はまさしく、動物は世界のうちで流動し、そして世界は動物のなかで流動するということである。ライオンは百獣の王ではない、それは水流の運動のなかでより高い波、もっと力の弱い他の波を砕く波にしか過ぎない。ある一匹の動物が最強で、他を食べるということは、基本的な情況を変更するものではなく、各々の動物は世界のうちでちょうど水の内部で流動する水のように存在しているのである。

2 動物の依存性と独在性

そのような流動が起こらないように思えるのは事実である。それどころか持続しようと努めるライオンは、持続がとぎれることに怖れさえ抱くだろう。しかしライオンはそういう情況を進んで引き受けるのではなくて、ただ耐え忍び、我慢して受け入れているのである。だからその情況がライオンの理解の範囲を絶している限りにおいて、ライオンはそれでもやはり流動しているのである。水とか空気は他のなにものも必要とせずに、つまり水や空気がそれ自身流動している仕方と同じ様式で世界のうちで流動している他のいかなる分子も必要としないで存在しているが、そういう水や空気とライオンがまったく違うということはけっしてない。水や空気は完璧な内在性の状態にとどまっている。それがなくてはならぬというどんな必然性もないし、またもっと一般的に言うと、ある一つの分子から他の分子への、あるいは他の分子たちへの内在的な関係においては、なにものもとりわけて大切だということはまったくないのである。ところが生命有機体の世界における内在性は、随分異なっている。有機体はある一定の諸要素を追求しており、それらと内在性の絆を結ばねばならない。だから既にそれは、流動する水がそうであるものとまったく同じではありえない。というかそれは養分を摂取するという条件を充たした場合にしか同じではありえない。さもないと有機体は衰弱し、死ぬからである。有機的な生命がそうであるような外から内への、内から外への流動は、それがまったく未分化で、差異化されていない流動とは分離している限りにおいて、その相対的な独在性《ソリチュード》の状態を維持したまま持続するためには、いくつかの定まった条件に服従しているのである。それがそこに存在しているのは、持続しようと努めながらというわけではさほどないのであって、それよりむしろその有機体自身がそうであるものの総量《ヴォリューム》や力を、すなわち世界のただなかで分離し、独在している流動、ただしあたかも自分の外にはなにものも存在しないかのようにまさしくそれ自身で世界を構成するような一つの流動のその総量《ヴォリューム》と、あるいは強度を、それ自身のうちで、自らのエネルギーを費やして増大させようと努めながらそうするのである。有機体は持続しようと努力するのではなく、そもそも初めから独立自治《オートノミー》の可能性へと向かおうとしている。無制限に発展していこうとするこの試みのなかで、有機体が体験するのはただ単に外部の抵抗だけではない。有機体にとっては、自己の成長・増大を促進することができるあらゆるものを見出し、絶え間なく吸収することによってそれを自分自身のものへと変えるということは、困難なことなのである。有機体はやはり、それがそこから分離し、独在しようと望んだ一世界のただなかで、絶えず止むことなく流動し続けるだろう。それを構成する運動はいつも二重なのであり、有機体はいつも自己自身を分割しつつ、自己自身に対立している。あたかもそれは有機体が分離・独在し、成長するよう望んだのは、ただ自分の獲得したものをよりよく濫費するためにのみ、つまり獲得したものをよりよく消失し、そしてついには自分自身を全体的に消失するためにのみそう望んだのであるかのようである。

　したがってこの矛盾する運動を一見したところ、そこには二つの意志が共存しているのが見分けられる。すなわち一方には生起する分離・独在《イゾルマン》を否定しようとする、といってもしかし最も閉ざされた分離・独在のうちで否定しようとする超越性の意志、そして他方には正反対の意志、つまりそこでは囲われた圏域が再び開き、分離・独在はもはや一つの囮《おとり》にしか過ぎないような内在性の意志が同時に存すると認められるのである。しかしこういう矛盾が真に与えられるのは、人間的な生存の様態においてのみである。という理由は、超越性が、その空虚さのはっきり現われてくる以前に、明確に定義されていなければならないからである。動物の分離・独在は、それと捕捉されるほどにはけっして浮き出してこない。なぜなら動物には、超越性を構成するような休止《タン・ダレ》の時間、つまりそうした超越性がやがてそこに水没していく奔流を、一瞬忘れることを可能にしてくれるような絶え間《タン・ダレ》が与えられていないからである。われわれは、動物性においては内在性に至高権が委ねられているということを、けっして視野から失うことはできないのである。

3 動物性の詩的な虚偽

実のところわれわれがそこから出てきたこの動物の生ほど〔…〕

(＊4) 第四資料(「動物性」の改稿)では、この付近は次のようになっている。

〔…〕なぜなら想像するということは、またわれわれということは、事物ではない存在を、そしてその事物を映し出す存在というものを、当然のものとして必然的に内に含んでいるからである。こうした諸存在はおそらく死ぬだろう、生命が宇宙に蔓《はびこ》ることを止めることもありえよう、それで宇宙はとうとう裸形のものとなり、そこには事物たちしか残らないことになるだろう。ところでまさしくこのような表象、つまり表象なるものが完全に不在となる状態の表象は、知にとって一個の知ではないものとして与えられる。実際、知の不在を一個の知へとなしうると主張する客体《オブジェ》=対象とは、それが表象された客体=対象でないとすればいったい何であろう? それらは意識のなかに与えられているのであって、さもなければそれら客体=対象が、それなしにはそれとして存在しえないような当のものが欠けてしまうのである。私が表わしているのはあの大雑把な真実でしかないが、われわれの意識への途上にある動物の生は、さらにいっそう困惑させるような謎をわれわれに提起する。もし私が人間のいない宇宙を、つまりそこでは動物の眼差しのみが事物たちの前に開かれているような宇宙を表象してみると、動物は事物でも人間でもなく、そして私が生じさせる表象はまた、表象の不在（の表象）でもある。しかしながら動物から出発して、一つの横滑りが可能となる。すなわちそれらがそれだけで独在しているならば意味を欠いたものである事物たちから、人間によって秩序づけられ、意味に充ちた世界へと向かう横滑りが可能となる。人間は事物を使用し、自分が用いる事物と、自分にとってなんの役にもたたないそれとを比較したりするからである。人類《ユマニテ》（人間性）として存在する状態になっても、もしそれを欠くとすればわれわれの世界が、すなわちその世界を表象する知のうちに統一したまとまりを持つわれわれの世界がそれとして成立しないような、明確に定められたいくつかの意味に到達しえない人間が、子供はむろんのこと大人でも多数ありうる。私がいまここで語ったような横滑り、独在している事物から認識された事物へと向かう横滑りは、したがっていかなるやり方によっても拒否されないものだろう。その横滑りのうちに動物は出現するのである。それについて語ろうとすれば、私はけっしてそのことを忘れはしない。

　そもそも初めから、動物と私との相違のなかに、私が認識しているものには認識しようのないものが混じり合う。私は自分の意識を知っている。だが、それはただ認識されたある一つの客体《オブジェ》＝対象が、あるいはさまざまな客体＝対象がその私の意識に与えられる限りにおいて、まさにちょうどその範囲や度合に応じてそうなのである。といってもそれは、一個の客体＝対象なしには意識はないと言うのではない。仮にもこのような命題が正当化されるとすれば、その命題の射程は非常に短いものである。すなわちその命題によると、意識はまず最初にそれ自身に対して、ある客体＝対象の意識として自らを示すという意味、あるいは意識は諸々の客体＝対象しか啓示しないという意味になる。そしてついには諸々の客体＝対象についてしか認識はない、という意味にまでなろう。つまり認識しつつある意識は、それがまず初めに客体＝対象を認識するのでなければ、そして次に意識自身を外から一つの客体＝対象のように分離されたものとして捕捉するのでないならば、さらにまたその客体＝対象をある別の客体＝対象とは違う他のものとして摑むのでないならば、自己を認識しえないという意味にまでなろう。しかし私がいま語っている客体＝対象としての、かつまた非－客体＝対象としての意識とは、人間性が私を決定している限りにおける私の意識である。いまもし私が動物に近づいていくと、つまり私にとって動物は客体＝対象であるが、そういう客体＝対象とは違うある生存の様態が、ちょうど私のうちにおいてと同じように動物にもある、ということを見つめながら私が動物に接近すると（ここで私はこの点に関して長々と詳述するつもりはない。読者たちのうちでこうした七面倒な理屈にうんざりする人々は、もっと早々と本を閉じてしまったことだろう。私が語っていることとは、熱意を込めた注意を要請している）〔以下空白〕

第四資料はここで途切れている。

（5） 見てのとおり、私は道具と製作された物＝客体を、同一の面の上に据えた。というのも道具はそもそも初めから製作された物＝客体であり、そして逆にまた製作された物＝客体は、ある意味において道具であるからである。製作された物＝客体を、道具がそうであるような従属性から解放する唯一つの路は、真の目的＝究極として理解されたものとしての芸術である。しかしながら芸術それ自身も、それが美しく飾る物＝客体が、あれやこれやに役立つことを原則的に妨げるわけではないのであって、家やテーブルや衣服などは、ハンマーと同じようにそれらの有用性を持っている。製作された物＝客体のうちで、有用な活動のサイクルに組み込まれているような機能を一切逃れる力を持つものは、なんと少ないことだろう！

(6) この「われわれ自身」を、実存哲学はヘーゲルの後をうけて、対自と名づけている。そして同じ用語法においては、物＝客体は即自として示されている。

(7) この最後の世界全体との混合は、おそらく最も興味深いものである。もし私が、自分の思考が世界を客体＝対象とみなすときに、その思考はなにを指示しているのかを捕捉しようと試みる場合、切り離された客体＝対象としての世界という不条理性、つまり製作されたものであり、かつなにかを作るものである道具と類似した事物としての世界という不条理性がひとたび暴かれると、この世界は私のなかで内から外への、そしてまた外から内へのあの連続性としてとどまるのであり、私は結局のところその連続性を発見せざるをえなくなるのである。実際、私は主観性に〈私〉という限界を、あるいは諸々の人間のさまざまな〈私〉という限界を貸し与えることはできない。というのは、私が主観性をどこか他所に統覚することができるという意味ではなくて、主観性を私自身へと限界づけることができなかったので、いかなる様式によってもそれを限界づけることはできないから、という意味である。

(＊8) 第二資料(手書き原稿)では、2がここまで続いて次の文で終る。「極限的には、このように位置づけられた主体‐かつ‐客体たちは、それらを位置づける者といかなる点でも異ならない。それらはその人間と同じように行動し、思考し、話すものとみなされている。」そして3と4が次のように続いている。

3 最高存在

全体性としての世界は、他のものたちの間でもとりわけ主観性と客観性とを同時に授けられている存在体《アンティテ》とみなされることができる。つまり客観性という面からして個別的という性格と、なにかを創り出す作業能力を具えており、またもちろん内在的な主観性という性質も保持している。この内在的性質によってこそ全体性としての世界は神的なのだが、それはもともと最初からその語のあらゆる意味において神的なわけではない。客観性が真に一つの世界として構成されるようになったとき、そういう客観性の世界と向かい合うことによって初めて、その全体性としての世界は十全に神的な意味を持つようになるのである。もし世界がまだ内在性そのものであるとすれば、一つの客体《オブジェ》である〈最高存在〉を位置づけることは、まず初めにはある種の制限づけであるかのように示される。ある意味においては、〈最高存在〉がそもそも最初から最大の価値を持つのは確かであり、内在的な無窮の広大さに個別性と作業能力を属性として付与することは、主体‐かつ‐客体というカテゴリーが存在しはじめるようになる時期以降においては、そういう内在的な無窮の広大さに、考えうるあらゆる重要性と価値を与える一つの手段にほかならないだろう。しかし増大させようと願うこの欲求が、その結果としてある種の縮小へと導くのは避けがたい。内在的な無窮の広大さはその客観的な個別性のせいで、世界の内部で、さまざまな他の個別存在たちの傍らに位置させられることになり、そういう個別存在たちとその無窮の広大さはそれ以降区別されたものとなるが、それでも個別存在たちは無窮の広大さと同じ性質を持つのである。諸々の人間たち、動物、植物、大気現象……などは、ある連続性［continuum］、つまりその全的な顕示が、あるいは全体性が、〈最高存在〉という名を受け取ることになるような連続性ではもはやない。しかしそれらは双方ともに世界の内部にあり、同じように不連続である。おそらくある意味においては、彼らの間に平等性はありえないだろう。〈最高存在〉は原則としては、他を威圧する尊厳を持っているから。だが、ある別の意味においては、最高存在は世界とは区別された創造主であり、かつまた世界の内部にある個別存在として、諸々の個別存在たちの総体と同等に遇するにふさわしい一線上に並ぶのである。というのもそれらの個別な存在たちも、最高存在と同じように内在性に参入しており、同じように操作を行う能力を授けられているのであり、また同じ言葉を話すからである。

4　精霊たちと神々
こうした多様な存在たちは〔……〕、同等な場合もあり、また優劣の異なる場合もあるけれども〔……〕

（＊9）前掲の註で示したとおり、第二資料（手書き原稿）においては、この箇所は4として3にすぐ続いていた。

4　精霊たちと神々
こうした多様な存在たちは〔……〕、同等な場合もあり、また優劣の異なる場合もあるけれども〔……〕

（＊10）ヒンドゥー教徒の修行段階の最後の第四期のことで、遁世期、比丘、行者、沙門などともいう。マヌ法典によると、ブラーフマナ、クシャトリア、ヴァイシャの三姓は、学生期、家住期、林住期をへて、最後に遊行期（サンニャーシン）に至ると、家・財産を捨て、あらゆる欲を離れ、髪をそり、粗衣をつけ、杖・鉢・水がめを持って、所を定めない遊行に出る。そうして従来も行ってきた戒と知恵をみがくことによって解脱に達するとされている。

（＊11）イスラム教徒の一部にみられる神秘主義者をいう。その語源は、羊毛（スーフ）で織った僧衣を身にまとうことに由来する。イスラムの中でもシーア派に現われた思想・教義で、禁欲的な苦行や遊行によって直接的に神と交感し、無我の恍惚境で神と一体化しようと目ざした。そこにはインドやイランの宗教、初期キリスト教の影響が認められる。僧院、修道者の数も増加したが、現在でもイスラム正統派（スンニ派）は、異端であるとして認めていない。

（＊12）ゴヤが一七九九年発表した版画集『ロス・カプリーチョス』の中にみられる有名な言葉。

（＊13）この図表は、バタイユが残した草稿類のなかには発見されなかった（編者タデ・クロソウスキーの註による）。

（＊14）〈コレージュ・フィロゾフィック〉でバタイユが二回行った講演「宗教史概要」（一九四八年二月二十六日、二十七日）の後の討論で、ミルチア・エリアーデは宗教史家の立場から、いくつかのコメントを加えている。

（＊15）ミトラは、ローマ帝政期に最も広く信奉された密儀宗教の神。本来アーリア人の間に発生した光明神で、ペルシア・イランで長く信仰を集めた。インドでは『リグ＝ヴェーダ』の中に、ヴァルナ神（天空神で誓約の守護者）と双神格をなして現われ、天地を支配し、太陽の針路を守って、耕作者を監視するという。ブラーフマナ期になると、ミトラは昼の神、ヴァルナは夜の神となったが、やがて勢力を失った。イランでは光の神とされ、ゾロアスター教においてはアフラ＝マズダの可視界における顕現という。アッシリア・バビロニアに入り、土着の神秘思想と結合して密儀宗教化した。ローマ帝国ではミトラ教として栄えた。地下の聖堂あるいは洞窟で供儀とさまざまな行を実行し、信者の魂は究極的には神性に一致するという。新プラトン主義哲学の影響を受け、キリスト教と勢力を競ったが、三七八年についに秘儀が禁止されて衰退した。

（＊16）ウラノスはギリシア神話の天空神である。世界の最初の支配者とされる。ヘシオドスの『神統記』によれば、大地女神ガイアの子として生れた彼は、ガイアの夫となり、十二柱のティタン族などの子をもうけたが、それらの子を大地の奥底タルタロスに押し込めたため、ガイアから父神の非道に報復するよう説得された最年少のティタン族、クロノスによって大鎌で陽物を切り落とされ、天地の支配者の地位を追われたという。

（＊17）フラメンとは古代ローマでたとえばユピテルのフラメンと言うように、ある特定の神に仕え、その祭事を行う祭司のこと。ロムルスとヌーマによって制度が建てられたとされる。ローマ本土のほとんど全ての都市は、個別のフラメンを有しており、帝政期になると帝国の宗教儀礼を司る任務が委ねられた。フラメンはいかなる職業に就くこともできず、馬に乗ったり、火に触れてはならず、自宅を外にして一夜も過ごしてはならない、等々の禁止が定まっていた。

ブラーフマナは、一般に「バラモン」と呼ばれるカースト制の最上位にある階級のこと。俗事を捨て、学習と祭礼に専心するとされた。

（＊18）インド神話における半神半獣。天空または水中に住み、水の精アプサラスの愛人で、神酒ソーマの守護者（あるいは逆にソーマを盗む者）といわれる。集団神とみなされ、祖霊、アスラ（魔神）と合祭される。非常に好色で、受胎を支配する。語源的には『アヴェスタ』聖典における悪魔 Grandarewa から生じたと考えられている。

（＊19）伝説上のローマ建国者。テヴェレ河畔に新しい都市を弟のレムスとともに興し、その弟を殺して最初の王となり、諸制度を定めたとされる。

（＊20）もともとルペルクスはローマ神話において、狼を殺す神、とくにロムルスの雌狼を殺す神で、家畜の群れの守護者であったが、同時に牧神と同一視され、狼神とみなされるようになった。ルペルカリアは、二月十五日ルペルクス（狼神）を祭るためにローマで挙行される年祭であった。司祭は山羊を供犠に捧げ、血のついた山羊の革ひもで女たちを打ち、それで彼女らの多産を保証するとされた。四九四年にこの祭りは禁じられた。

（＊21）伝説上のローマ七王のうち第二の王。ロムルスの死後サビニの地から迎えられて王となり、前七一五—前六七三年在位したといわれる。敬虔な王として知られ、いろいろな宗教的改革を行った。たとえばローマの神官職ポンティフィケス、アウグレス、フラミネス、サリィ、さらにウェスタの聖処女などは彼の創設によるとされる。

（＊22）フィデス Fides は、忠誠・貞節などの観念を意味するが、それは女神として擬人化され、ローマのカピトールの丘に神殿が建てられていた。その女神は、契約の守護者であるユピテル、ディウス・フィディウス Dius Fidius——つまり誓約と忠誠の神であるユピテルから派生したものと考えられる。その神殿では、フラメンによって女神に供犠が捧げられるのであった。

（＊23）ブラーフマナは古代インドの宗教的文献。バラモン教の根本聖典である四ヴェーダ本集に付属し、祭式を神学的に説明した補助文献で、各ヴェーダ本集に含まれるマントラ（讃歌、呪詞）の祭式における適用法を規定したヴィディと、マントラの起源・目的・語義を神話的または神秘的に説明したアルタヴァーダとに分かれる。

（＊24）イデー叢書版では、この箇所は「社会的な立場は」となっている。

（＊25）第二資料（手書き原稿）のなかには、次のような参照文献も挙げられていた。

モーリス・ブランショ

サドの思想のこの驚くべきみごとな分析は（「サドを迎えに」、「レ・タン・モデルヌ」誌、一九四七年、十月二十五日）――その思想は、自らを形成しつつある自己意識の極限的な瞬間を表わしているが――、食べる動物と食べられる動物の弁証法、最終的局面においては客体と主体との破壊へと到達する弁証法の基底に位置しているのである。

ジェイムズ・フレーザー『金枝篇』

ロベール・ヘルツ「右手の優位―宗教における偏極性についての研究」、「ルヴュ・フィロゾフィック」、一九〇九年、一巻、五五九ページ。

スペンサーおよびジレン『中央オーストラリアの原始種族』

ロバートソン・スミス『セム族の宗教についての講義』。第一シリーズ―「基本的制度」、エディンバラ、一八八九年。

意識の経験・宗教性・エコノミー——解題に代えて

1

『宗教の理論』はおそらく一九四八年三月から五月にかけて起草され、きわめて完成度は高いと考えられるにもかかわらずバタイユの生前には出版されることなく、死後一九七四年になってガリマール社のイデー叢書の一巻として公表された。その後校訂を経て、全集第七巻にも収録されている。

『宗教の理論』は「第一部　基本的資料」と、「第二部　理性の限界内における宗教（軍事秩序から産業発展へ）」から構成されている。それら各部はなにを分析し、解明しようとしているのか。そして第一部と第二部の繋がりはどうなっているのか。

第一部の扱う主題は、きわめて概略的に言うと〈宗教の誕生するプロセス〉の解明であると考えられるだろう。そして先回りして付け加えておくと、誕生した宗教が労働や操作、理性に基づく現実的な〈事物たちの世界〉に対し、その世界が生産する〈富〉の過剰を〈消尽〉することによって優位を保っていた段階までの記述である。しかしやがて宗教は、生産に役立たぬ破壊である〈消尽〉を否定する理性が定める限界内へとおさめられていくことになるだろう。

もちろんここで言う宗教とは、現代のわれわれが知見しうるようなキリスト教、仏教、イスラム教などという諸種の教派・教団・教義などのことではなく、〈宗教的なもの〉としてそれらに共通する普遍的な核心を指しているのであり、だから今日南太平洋の諸島や南米・アフリカの奥地などにわずかに残存している未開人たちの原始的な信仰まで包括したうえで、それらに通底する本質として取り出せるようなものを意味している。その場合バタイユはデュルケームやモースにならって、そして一九三〇年代に「社会学研究会」を組織した友人であるカイヨワ、レリスなどと同じように、〈宗教的なもの〉の本質をなす核を〈聖なるもの〉と呼んでいる。したがって宗教の誕生するプロセスは、言いかえれば〈聖なるもの〉の生成する——あるいは〈聖なる〉感情が生じるプロセスとも言えるであろう。

そこで究明する視線が貫いていくべき領野は、必然的に「動物から人間へと移行する」地点であり、〈自然〉と〈文化〉が回転ドアのように切り離されると同時に繋がり合っている境界領域である。それは濃霧の中で手探りするような難問であり、またさまざまの学問分野が重なり合う区画整理の不可能な茫漠たる対象であって、どんな人でも後込みするほかない課題であると思える。バタイユが躊躇しなかったわけではないだろう。一九二九年から三〇年にかけて「ドキュマン」誌に、また三一年から三四年にわたって「クリティック・ソシアル」誌に文学・美術・社会学・民族学・人類学など多岐に及ぶエセーや評論を発表していた時期から、いつかは〈宗教〉に関する本質的な論考を行う内的必然性を萌芽的に感じとったに違いない（その意味ではそれと同時に、人間的な〈性《セクシュアリテ》〉としてのエロティシズムに関する書物を著すという必然も予兆として孕んだはずである）。しかし『宗教の理論』が実際に起草されたのは、一方では〈無神学大全〉と呼称される三部作、『内的体験』、『有罪者』、『ニーチェについて』が書き上げられ、また他方では〈呪われた部分〉と名づけられた全面的エコノミー論の構想が固まり、一部具体化した時点である一九四八年であった。

おそらくバタイユにとって宗教の奥底深くまで切りこんだ視角を手にするためには、彼が逆説的にも〈内的〉と呼んだ、特異な〈外〉の経験をかい潜ることが必要であったのだ。ここでその〈内的経験〉の特性を詳述したり、その独特さを要約したりすることはとても不可能である。ただ、その経験はいわば〈私が死に近づいてゆく〉経験、〈私が私としてとどまることのありえない〉経験であり、それにともなって安定した主体の定立性、個人的〈自我〉の統一性という信念が、根底から問い直される経験であったことは確かだと思われる。そうした経験に心身をゆだねるなかで、なかば受動的な仕方で、なにが試みられていたのだろうか。それは、〈私〉の内部で、言語の作用や活動に基づく〈言説的思考〉を砕く試み、それとともに〈私が対象を捉えて認識する〉という活動、通常の〈知〉の活動とは異なる、別の次元を解き放つ試み、言葉のなしうる行為を極限的にたどることで、その作動範囲の枠外にまで超出し、言い表わせないもの、つまり〈思考しえぬもの〉である余白（沈黙）にまで触れようとする試みであったと言えるかもしれない[1]。とにかくそうした〈可能事の限界〉への旅において、バタイユはたとえば「私は神を信じない、というのも私を信じないからである。神を信じるとは、私（自我）を信じることだ。神とは私（自我）に与えられた一つの保証にしか過ぎない。もしわれわれが〈私〉を絶対へと位置づけてしまっているのでないならば、われわれはそれを笑うのだが[2]」という経験を、果てまで生きぬいたのである[3]。

『宗教の理論』の末尾に付した「参照文献解題」の中でバタイユ自身著しているように、彼はマルセル・モースの供犠論と贈与論から多くのことを学んだが、動物的な〈自己感情〉のレヴェルから人間的な〈自己意識〉のレヴェルへの移行という問題を考えるとき、基本的な思考様式と枠組みを提供したのはヘーゲルの『精神現象学』(B)「自己意識」の章であり、アレクサンドル・コジェーヴによるその読解であった。バタイユのテクストを通して透かし彫りとなるそうした影には、可能な限り触れていきたいと思う。そしてまずその初めとして次の点を強調しなければならない。『宗教史概要』の講演で述べられているとおり、ここで問題となっているのは、一見して与える印象がどうであれ、宗教学者(たとえばその講演会に出席し、討議に参加しているミルチア・エリアーデのような学者)が研究し、記述しようとする〈宗教史〉ではないのである。『宗教の理論』の狙いは、歴史的な継起を調べたり、年代順的な移り変りを解明することにあるのではない。そういう宗教〈史〉に関する論述は、いつも推測や類推の積み重ねであり、随意性を免れないと思える。肝要なのはそうではなく、論理的な継起を考察し、その必然性までつきつめることである。むろんその論理的な観点から見た必然の推移が、諸事実の歴史的変遷と一致する場合はありうるとしても。

2

動物性(動物生)は内在性と直接＝無媒介性として示唆される。あるいは時間の観点を強調すると、即時性（ある種の瞬間性または持続の不在）として暗示することができるだろう。

動物が環界に対して内在性としてあることを明確に示す情況は、お互いに一方が他方を食べることである。食べる動物は食べられる動物のことを、人間が物（客体）と自分自身を区別するようにはけっして区別していない。「区別をするためには、物（客体）をそれとして定置すること」が必要不可欠な条件なのだ。動物性は内在と無媒介の流動であり、「世界の内にちょうど水の中に水があるように」存在していると言えよう。

実のところ動物性を言葉で表現しようとすれば、このような「詩的な虚偽」に頼ってそうする以外ないのである。つまり言説的な思考とそれを支える言語行為が作動する枠組みの〈外〉とか、格子の隙間を漠然と暗示するような言葉の在り様（たとえば古代以来の修辞学がそれと知らないまま可能性を拓いてきた言葉の用い方）に頼るほかないのだ。それもただ近似的に示唆するだけであるけれども。

被造物はみな、そのすべての眼で見ている、
〈開かれたもの〉を。われら人間の眼だけが、
裏返されたようになっている[4]……

リルケは、動物たちはその「意識の度合が低い」おかげで現実のただなかへと、その中心となる必要などなしに入って行ける、と考えた。〈開かれたもの〉という言い方によって、リルケは何を暗示しているのか。ブランショが指摘しているように、ここでリルケのぶつかっているのは、さまざまなイメージを孕んではいるが常にそれ自身へと閉じたわれわれの意識の問題である。[5] 動物はそれが見ているところに存在している。その眼差しは自分を反映することはなく、事象=物事を映し出すのでもなく、ただ物事をそれ自身へと開くのである。一方「われら人間の眼」は「ほんの幼児の頃」から既に「後ろにふり返って」、動物の表情にあれほど深く現われている〈開かれたもの〉ではなくて、「形ある世界を視るようしむけられている」のだ。リルケは〈開かれたもの〉をまた〈純粋な関係〉とも言いかえているが、その〈関係〉にあるというのは、自分の外にあり、物事の表象（再現=代行）の内にではなくて、物事そのものの内にあるということなのである。だが、それは〈意識〉を失っているのではなく、〈意識〉によってそれ自身の外へと確立されること、つまりそうした脱自《エクスタシス》の運動に投入されることである。

しかし「われら人間」の存在は時間的にも（いまという時点）、空間的にも（此処という地点）に局所性として限界づけられており、そこではある事象は必然的に他の事象の代理となるように、つまりあるものが後ろに隠れた代わりにこのものが見えるという様態でしか存在しないように思える。

それはいつも変らず世界なのだ。
どこにもないもの、なにものにも限られぬものでは
けっしてない(6)。

それでも他方でわれわれは、〈意識〉の働きのおかげで、此処といまの限界から解放されていると思える。なるほど私は自分の眼前にあるもの、私がいま現に向かい合うものしか見えず、後ろにあるものは見えない。だが、私は隠れているものを思い描き、想像し、観念を抱くことができる。また言葉として名指し、捉え、了解することができる。つまり私は意識および言語のおかげで、いつでも、自分が現にいる此処とは異なる他処にいることができるし、いま生きていることとは違う過去を生きる（記憶し、想起する）こともできるのではないか。

たしかにそうである。が、しかしそういう利点はまたわれわれに、のり超えがたい難題も課しているのだ。

〈意識〉の機能、その作用のおかげで、私はたしかに〈いま現に此処で向かい合うもの〉から解放されるのだが、しかしそのとき私（の意識）は全的に表象（再現=代行）の働きに委ねられている。通念として流布している言語の仕組みと作用に、その法則性にそのまま順応して服している限り、そうである。明晰な〈自己〉の意識、主体として、私はいつどんなときでも〈自分がいま現に生きる経験――いままさに知覚し、経験している物や出来事――を完全に意識し、それに十全に立ち会っている〉と信じている。つまり、どんな物事を経験するときでも、私（の意識）がそうした物事を現在として生きている、と確信している。言いかえれば、そうした物事は〈私へと現前するもの〉として生きられるのだ、と信じて疑わない。

それゆえ、私（の意識）がイメージを思い描く、観念を抱く、想起する、といったことがどういうことかと言えば、それは〈私が現在として生きたもの〉、〈私へと現前したもの〉を再現することであり、再び私へと現前させるということなのである。こうした〈表象〉の働きに則して、私はそうとは気づかぬまま、〈いま現に向かい合うもの〉という制約を、自分の内部深くでいつも再建しているのである。

それこそ宿命と呼ばれる。向かい合っていること、

ただそれだけ、いつも変らず向かい合っていること。(7)

どんな事象=物事に対しても〈自己への現前〉としてしか関係することができず、そうした制約によって物事そのものからも、自己自身からも隔てられたままとなる。自由にしてくれるはずの〈意識〉の作用によって、逆にいつも〈自己への現前〉という関係に縛りつけられるから、物事そのもののただなかへと入っていく関係を、すなわち「純粋な関係」を持つことができないのである。

あらゆる存在を貫いて唯一の空間が拡がる、
世界内面空間。黙したまま鳥たちは飛ぶ、
われわれの真中を通過して。おお、伸びようとする私、そして外を視る、
すると樹木は私の内で生い茂るのだ。(8)

リルケが〈世界内面空間〉と呼ぶもの、それは外と内がある連続性へと集められ、同時に内奥でもあり、かつ外でもあるような空間、ブランショが言うようにそこでは空間は外において既に精神の内奥性であり、内奥性はわれわれの内で外の現実であるので、われわ

れはそこにおいては自分の内で内奥性としてあることで外にいるような空間である。あるいはまたそこでは、われわれは〈開かれたもの〉と親密に交わり、つまりわれわれ自身〈開かれ〉ており、〈純粋な関係〉がかいま見られるような空間であると言ってもよいだろう。リルケにとって文学の探求とはこのような空間を窮めることであり、すなわちそれは文学的な言語が可能となる空間、あるいは詩的言語の行為や活動のみが可能にする空間をその果てまでたどることである。

『宗教の理論』がその冒頭に語る身振りをする、あるいは文学的な模擬=擬態《シミュラークル》として記述する〈動物性〉は、叙述のうえでは始まりであるが、実は〈意識〉の経験がたどっていくさまざまな段階を経た後で入っていく最終地点に関わっている。「終末部に至ると、出発点に戻ることになる」とバタイユは書いている。『宗教史概要』の講演でも、終りになると「一方が他方を食べる動物の原初の情況をまた見出すだろう」と述べている。事実、第二部、Ⅳ、5「自己意識」においては、「意識は(略)、世界に内在し、親密に交わっている動物の夜を、判明に区別のある様態で再発見するだろう」と著されている。〈動物性〉をそれとして「発見」するのは、不分明にそこに埋没し、沈潜している〈自己感情〉ではなく、そこからいったん脱け出し、「判明に区別のある様態」を経験した後で、自らの由来の方へ向き直った〈自己意識〉なのである。

しかしまさしくそれは〈不可能なこと〉とみえるほど困難である。そしてその困難さの位置する位相は、詩人の〈意識〉が言語を用いることによって、あの〈開かれたもの〉、あるいは〈純粋な関係〉を探求することの困難さとほぼ同じ位相にあると思われる。

3

内在性と直接＝無媒介＝即時の状態においては、自己とは世界であり、世界の内のこれ、これ、これの要素、またすべての要素であって、つまりわれわれが通常その語で示すような〈自己〉という概念、定まった同一性を持つ〈私〉という観念は成立していない。ヘーゲル－コジェーヴの用語で言うと、動物的な〈自己感情〉はあるかもしれないが、人間的な〈自己意識〉は生成していないのである。

人間性（人間生）の開始される初源には、おそらく死を意識し始めること、すなわち漠然とした死への怖れや嫌悪があるだろう。しかしその点に深入りすることは、別の機会を待つほかない。ただ、後で、死への怖れと労働することとのつながりには、少し触れることになろう。ここでは、もっと狭い観点から、〈自己を意識する〉意識が成立するためには、客体＝対象をそれとして措定する位置づけがなければならないことを見てみよう。バタイユは、原初の人間が労働し、作業するようになること、たとえば石器のような道具を製作することを中心に考察する。〈道具〉がその用途に適合するように練り上げられていくに応じて、意識はそれを不分明な内在と直接＝無媒介の流動を中断するものとして、つまり客体として定置していく。道具は〈非‐自己〉の生れつつある形態となる。道具はそれをある目的めざして製作し、用いる人間に従属している。なぜならそれ自身として（自らの内に）価値を持つことはないからだ。道具を製作するためには、ある時間（ある持続を通じて）、その現在という瞬間の利益を直接的に享受することを抑制して、〈労働〉しなければならなかった。その経過した時間が道具の有用性を定め、目的めざしてそれを使う人間への、さらにまたこの目的への従属を定める。そして同時に目的と手段との区別も位置づけるのだが、その区別は道具の出現が定義した面の上にすえられる。つまり目的は手段の面のうえに、それゆえ有用性の面のうえに与えられる。道具の使用の目的とは、その道具の使用と同じ意味を持つだけだ。その目的に有用性が与えられ、それが目がける次の目的にも同様なことがおこり、次々と有用な活動のサイクルが成立していくだろう。こうして道具がその原初の形態であるような客体＝対象は、不分明でなんの区切りもない連続性を断ち切る意味を持つ。全て存在するものの内在性と無媒介の流動（水の中の水のような存在様式）に対立し、それを〈超越〉する。

そしてそのとき〈不可能〉なもの——在りうべくもないものと化した真の〈目的＝究極〉とは、有用な活動が次々と連環しているサイクルの外にある以外ないだろう。〈至高な存在〉とは、水の中の水のように世界の内に喪われ、連続した存在である以外ない。「諸々の存在がそこでは判明に区切られずに消失しているような世界のみが、不必要な余剰であり、なにものにも役に立たず（奉仕＝服従せず）、なすべきことはなにもなく、なにも意味しないのである。そうした世界だけが、それ自体において価値を持つと言えるのであり、なにか他のもののために存在するのではなく、またこの他のものがさらに別のなにかのために存在し、次々と同様に連環するという在り方と無縁なのである」[9]。〈聖なるもの〉の生じる由来は、最も深い源まで遡行するとすれば、〈連続性〉が断ち切られたこのような時点に至ることができよう[10]。もっともそれが〈聖性〉の生じる契機であっても、実際には〈聖なる〉感情の形成は徐々に行われたと考えるべきだろう。たとえば道具がその原初的な形態である〈客体〉が定置されると、やがて〈客体たちの面〉が区別されるようになり、その〈面〉のうえに本来的には世界に内在的な諸要素（動物や植物、他の人間たち、そして判断する〈主体〉自身）までが位置づけられる。そうした諸要素は同時に内からと外から、〈主体〉にとって連続したものであり、かつ切り離された〈客体〉でもあるものとして統覚される。いわば〈主体かつ客体〉のカテゴリーが生じて、内在的な諸要素（動物、植物、大気現象、そして全体としての世界）には、道具が持つ超越性とか、操作し、創り出す作業能力などの属性が付与される。また逆に道具のようなまったくの〈客体〉にも主体的な属性が付与され、「動き、考え、語る」ようになる。世界全体に超越性や操作能力が属性として付与されると、世界は一方では独立する個体性の形態を受けとり、操作し、作業する力を持つようになって、原始的な〈最高存在〉と化するけれども、また他方では内在的な連続性も保持したままとなる。概略的にこのような過程が考えられるが、とにかくしだいに〈客体たちの面〉——あるいは〈事物たちの領域〉が凝固し、確定していくにつれて、原初の人間たちの〈意識〉は、自らが本来そこに埋没し、沈潜していた動物的な内奥性（連続性）の感情と、そのように〈外〉に凝固している不透明な〈客体たちの面〉とが鋭く対立していることを自覚していくのである。

ここで、少し迂回路をたどって、道具を製作して使用すること、すなわち労働し、作業し、〈自然的なもの〉を作り変えるようになることは、〈死を深く意識し、怖れること〉とどのように結ばれているのかを考えてみよう。

ヘーゲル＝コジェーヴは基本的に、自然に対し〈否《ノン》〉を言うとき〈人間性〉が開始されると考える。「与えられたままの・自然的な・直接（無媒介）的な現存」に縛りつけられた状態（動物性）から、脱出し始めると考えるのである。動物性は〈自然的に与えられたもの〉を直接的に〈欲求〉し、充足させるからそこに固定されたままとなる。〈欲求〉は充足されるとそこで消えるが、すぐに再び生まれ、また充足されて消える。その無限―すなわち悪無限―の繰り返しであり、そこにはなんら否定の契機、つまり〈所与のまま〉を否定する契機がみられない。それに対し〈人間性〉は、自己（意識）は他の自己（意識）との関係においてしか真の充足を得られないとみなす方向へ、つまり他者の欲望を欲望する方向へと歩を進める。それはお互いに相手に認められようと欲して対面すること、事物を求めるのではなく、純粋な〈威信〉を求めることを意味する。つまり他者との対峙において、自己の真実を他者に承認させせんと欲して、純粋に威信を賭けた闘争に身を委ねることである。極限的には自己の〈生〉を危険にさらすまでに至るその闘争を、〈死〉を恐れることなく果敢に遂行する意識は、独立した自己意識へと向かうことができる。他方、〈死〉を恐れ、自己の動物的保存本能を断ち切れなかった意識は、服従させられ、依存した自己意識となるほかない。

しかしながらヘーゲルによれば、独立した〈主〉の意識に隷従させられた〈奴〉の意識が、実は一連の弁証法的な転倒のプロセスを経て、独立した自己意識の〈真実〉を実現することになるのである。そしてその鍵はいうまでもなく〈労働＝作業〉であり、それが可能とする〈理性〉である。

〈主〉の意識は〈奴〉の意識が自然に働きかけ、加工し、準備した生産物を直接的に消費するだけでよい。欲求のおもむくままに、直接に享受し、本能の充足をはたせばよい。なるほど彼は支配者であり、主人である。しかしその代わり彼は自己の状態に満足し、その満足によって固定され、凝結している。そしてよく見ると彼の欲望とその充足は、動物的な欲求とその充足の仕方と根本的には異ならないことがわかる。なぜなら与えられたままの物（それは〈奴〉の労働によって加工されているから自然物ではないが、しかし自ら働きかけないから〈主〉にとっては与えられたままの物）を欲求し、それを直接的に消費し、享受するのだから。そしてもっと重大な背理《パラドックス》がある。〈主〉の意識はもともと他者の欲望を欲望することによって、つまり他者の承認を求めて〈死〉をもろともせず自己の真実を相手に押しつけたからこそ〈主〉となったのであった。ところがその闘争に勝利して〈主〉と〈奴〉の関係が確立し、固定したとすると、なるほど〈主〉の意識はそれとして一方的に承認されるが、その相手である〈奴〉の意識は承認を求めるに値しない他者にしか過ぎない。承認が承認として価値を持つためには、承認されるにふさわしい相手（その欲望を欲望するにふさわしい相手）から承認されなければならない。だが、〈主〉の相手である〈奴〉は、〈主〉が支配し、所有する事物であって、承認を受けるにふさわしい相手ではないのである。こうして〈主〉の意識は存在上の袋小路に至り、凝固して力動性を失ってしまう。承認によって〈主〉となったのに、その根拠たる承認を得られなくなるのだから。

これに対し、いったん〈死〉を恐れ、不安に戦き、自己の〈生〉と保存本能にしがみついたため依存し、服従した〈奴〉の意識は、やがて自らの手で自らを解放していくことになる。死の恐怖と不安によって、彼の存在はいったん根底から動揺させられ、解体されてしまったと言える。だが、その過程で、彼は死という怖るべき力、〈無〉化する力、否定の力を経験すると同時に、生の意味も体得するのである。〈主〉に隷従させられ、畏怖するせいで(もともと「死という絶対の主人」を恐れたことによるのだが)、〈奴〉の意識は強制的に〈労働〉せざるをえなくなる。自然に働きかけ、加工し、生産活動を行い、そしてその生産物はもっぱら〈主〉の消費へと供するだけで、自らは享受できない境遇になる。この境遇は悲惨であり、ひたすら服従し、奉仕する自己の状態に〈奴〉はなにひとつ満足できない。しかしその代わり彼は固定されることなく、その状態を否定し、自己自身を否定するよう絶え間なく促され続けるのである。ある意味で、死の怖るべき力は〈奴〉の意識の内で〈否定の力〉として抽象化され、内面化されるのである。そして強制された〈労働〉において〈奴〉の意識は、自らの諸本能を(直接的な快感享受の欲求を)抑制することを習得する。ある持続の間、直接的な充足を断念しなければ(すなわち現在という瞬間の利益を放棄しなければ）〈労働〉は可能ではないからである。つまりこの過程で〈奴〉の意識は自己を教育し、形成して、〈将来の時〉のために〈現在の瞬間〉を断念し、それに服従させることができるようになる。〈労働〉と〈理性〉がこうして可能となる。そして労働と理性を通して自然に働きかける〈奴〉の意識は、やがて自然を克服し、その主人となっていく。

自然（与えられたままの存在・生、直接的な本能）に服したために、死を恐れ、〈主〉に隷従して自己の自由と真実を失った〈奴〉の意識は、このような過程を経て逆に自然を服従させる。自然に〈否《ノン》〉を言い、自然を否定するプロセスは、〈主〉の意識の一回的で固定しやすい否定によってではなく、〈奴〉の意識の絶え間ない働きかけ（否定性の永続的な作用）によって真に実現するのである。また〈奴〉の意識にとって好都合なことは、これまで〈主〉の意識を一方的に承認し、自分は事物として無視されていたのだから、いまや自己の真実を相手（〈主〉）に押しつけ、承認させればよいという点にある。承認されるにふさわしい相手（その欲望を欲望するに値する相手）と対峙しているのだから、完全な相互承認に至る可能性を手にしていると言えるのだ。こうして自然を真の意味で否定し、超克する〈奴〉の意識は、文化・社会・歴史を創設し、人類《ユマニテ》（人間性）世界を実現していくことになる。つまり〈奴〉の意識こそが〈労働〉と〈理性〉を通じて、独立した自己意識の――〈主〉の意識の――〈真実〉を実現するのである。[11]

ところで〈道具を作る〉ことは、まさしく〈労働〉することである。そのためには現在という瞬間の利益を断念し、ある持続の間、直接的な享受や充足を求める本能の欲求を抑制しなければならない。『宗教史概要』の言い方によると、「欲望の激烈な暴力性」を統御し、支配して、〈来たるべき時〉を目がけた〈企図〉のためにそれを服従させる必要がある。その〈抑制〉は〈禁止〉の由来の一つをなすと考えられるだろう。もともと動物性においては諸本能は〈自然〉であり、激烈な力と強度を持つとしても暴力性、破壊性の意味は持たない。なぜならその発現に対し(充足欲求の力動に対し)、障害となるものが存在しないからである(むろん自然的な制限はあるだろうが)。しかしそれに自然的ではない障害や柵を建てて堰止め、抑制しようとすると、すなわち人間性が開始されると、それはそうした柵や障害を破壊しようとして暴力性、攻撃性の意味を持つようになる。「逆説的な仕方で、内奥性とは激烈な暴力性であり、破壊である。なぜなら内奥性は切り離された個人(個体)の定置とは両立不可能であるから[12]」。

そして人間性の諸欲動(本能とは既に異質と化している)が激しい暴力性、破壊性の意味を帯びると、いっそうそれを抑制し、禁止する必要が生じることになる。〈禁止〉の領域は、さきほど述べた〈客体たちの面〉、あるいは〈事物たちの領域〉に重なる。なぜなら〈禁止＝抑制〉によって可能性を拓かれた〈労働〉と〈理性〉が作り出す圏域、必然的に理性による労働が築いていく世界がまさしく〈客体＝物の領域〉なのであるから。

この〈客体の領域〉がそれとして定置されるちょうどその度合に応じて、人間は〈主体〉として定立されていき、客体を支配し、服従させるようになる。しかしながら〈主体〉としての人間はもはや〈客体たちの圏域〉には入ることができず、かつて内在性と直接＝無媒介な状態においては浸透可能であり、交流し合っていた世界に、不透明で、凝固した〈閉じられた領域〉が生じるので、制限づけられたという感情を抱くことになるだろう。〈制限づけられた〉ものは必ずその制限を打ち消そうと願う。『宗教史概要』が示唆するように、人間（主体）はその〈支配〉を〈交流〉まで推し進めたい欲望を持つはずである。なぜなら〈客体たち〉との交流を再発見することによってのみ、その支配は全的で、余す所がないと感じられるから。ということはつまり〈支配〉は、それが打ち消される瞬間にのみ全的なものとして現われるということである。それはちょうど〈承認を求める闘争〉においていったん確立した支配‐服従の関係を、〈奴〉の意識が弁証法的に揚棄したときにのみ〈承認〉が全的で、真正になるという事情と同じである。

〈主体〉に服従した〈客体〉の領域が、閉鎖されて交流不能な〈閉域〉である情況を、もう少し具体的に見てみよう。服従させる（主人となる）ということは、服従させたもの

（奴隷化したものを）変えるというだけではなく、主人となったものも自ら変えられるということだ。たとえば人間が動物を殺して食べる事態のことを考えてみると、まだ内在性と無媒介＝即時に沈潜していたときには、食べる自己と食べられる動物とを明確に区別しておらず、内奥的な交流は断ち切られていない。それが狩猟のための道具を練り上げる過程で切り離された〈客体〉を位置づけ、〈客体の面〉を判明に定置するにつれて、動物はその内在的な本性（精霊的な真実）から分断され、道具がそうであるような空虚な客体性に結びつけられる。殺された動物は生《なま》のままではなく、焼かれたり、煮られたりして（つまりできる限りその本来の姿から遠ざけられて）食べられるようになる。すなわち一個の事物、純粋な物へと還元される。厳密に服従した要素、利用したり消費したりする以外にはそれ自体としてなんら本来的な価値を持たない要素、布地とか鉄とか加工された木材と同じ性質の有用性へと還元されるのである。

〈私〉の権力下に服従させられたものが何を告げているかと言うと、〈私〉が本来は同類として（内奥の連続性として）存在しているものを、それ固有の目的＝究極のために存在するのではなく、まったく無縁で、疎遠な目的のために存在するよう還元してしまったということである。小麦の穀粒はその本来の在り方とは無関係に農業生産の単位となり、仔牛は一頭の家畜となる。そしてそれを栽培する人、飼育する人は、農民となり、牧畜者となる。畑で耕作しているとき、農民の目的は現時点で、彼固有の、本来の目的ではない。飼育しているときの牧畜者も同様である。農業生産物や家畜は、〈事物〉化されている。だが、それを支配する農民や牧畜者も、労働しているときはやはりまた〈事物〉なのである。

客体たちの凝固した〈閉域〉と〈交流〉を再開するためには、それをこじ開け、裂開させなければならない。客体がそうである〈非連続〉をもう一度逆に断ち切って、失われた連続性を回復しなければならない。つまりそれは〈客体たちの圏域〉を——すなわち〈禁止〉によって生み出され、守られている圏域を破壊することである。あるいは『エロティシズムの歴史』などにおいて用いられる語で言うと〈侵犯〉することである。結局のところそれは、〈自然〉に対して〈否《ノン》〉と言うこと——自然的な与件である内在と直接＝無媒介を〈否定〉すること——から発して可能となった労働＝作業、理性的活動とともに生じた〈客体たちの領域〉を、再度〈否定〉することであると言いかえることができる。

失われた連続性が人間（非連続化によって内奥的交流から切り離された、〈主体〉としての人間）を牽引し、吸い込もうと眩惑する力——内奥的な交流から分断された状態をもう一度断ち切って、連続性を回復し、復原しようとする力——、それが〈聖なるもの〉である。したがって聖性は比類のない光輝と魅惑であるが、同時にまず怖るべき危険と不安、戦慄である。なぜなら〈人間性〉を開始させた〈客体の措定＝定置〉を危うくし、判明に区別された〈俗なる〉事物たちの領域を混乱させ、解消しようとするからである。〈禁止〉によってうち立てられている現実秩序を撤廃して、内奥性を激しく奔騰させようとするからである。さらに極限的には、〈主体〉である個人的な〈私〉と〈客体たち〉との明確な区切りを曖昧模糊とさせ、混融させてしまいかねないからである。

4

ここで見た〈聖なるもの〉は、聖なるもの
では
けっしてなく、力とエネルギーとしての聖性である。なぜ聖性が発生し、比類のない、逆らいがたい力となり、エネルギーとなるかという系譜論である（実のところ、俗なるものの領域が画定されるのと同様に、聖なるものの範囲や圏域もなかば事物のように定められていくのは避けがたいと思われる[13]）。このような聖性の顕現は、直接的＝〈瞬間〉的な力の発現であり、その強烈なエネルギーは〈個体〉を解消するところまで突き進もうとするだろう。それゆえ生物学的な個体、身体的な個体が消滅しないまま（持続を保ったまま）、〈聖性〉に一時的に、あるいは近似的に到達するためには、ある種のスペクタクルとか演劇に頼らなければならない。つまり

〈模擬＝擬態《シミュラークル》〉が必要となる。それが供犠［sacrifice］であると考えられる。

供犠の原理は〈破壊〉であるが、捧げ物＝犠牲の内で破壊したいのはただ〈事物〉だけである。収穫の初物を供物として捧げたり、一頭の家畜を犠牲にして殺したりするのは、それらの内で〈事物〉を破壊することによって、それらが本来属していた内在的な世界へとそれらを連れ戻すためである。神的な世界の内奥性へと、全て存在するものの深い内在性との親密な交わりへと呼び戻すのだ。そしてそのことによって同時に供犠執行者も、労働のときに所属していた〈事物たちの世界〉に属するのを止め、内奥性へと回帰するのである。こうして主体と客体との〈交流〉が、一時的に回復される。前に述べたとおり、主体が客体を支配する関係が揚棄されて、打ち消されるときにのみ、交流は再開し、支配は余すところなく全的なものと感じられるのである。

供犠に参入する個人は、不安に戦慄しながら〈聖なる〉感情に貫かれる。まさに死なんとする生贄の動物、つまり突如として客体（物）の領域から引き剝がされて内奥性へと回帰する運動に投入される犠牲と同一化するから、不安と恐怖のうちに聖性を感受するのである。〈死〉は現実的な秩序（客体の領域）の最も強力な否定であり、一瞬のうちにそのまやかしを暴露する。事物たちの客体としての定置は、その基礎を〈持続〉においている。後《のち》に来るはずの時を目ざして事物は客体として構成される。しかし、死がそうである持続逆説的《パラドクサル》の不在と瞬間的な内奥の生の奔騰は、そうした事物の秩序の欺瞞を明らかにする。逆説的ではあるが、死は生の偉大な肯定者であり、生をその激烈な内奥性の充溢と奔出の瞬間において捕捉する研ぎ澄まされた意識なのである。「人間が最終的に自分自身の真の姿を自分自身に啓示するためには、人間は死なねばならぬであろう、が、しかし彼はそれを生きつつ──自らが存在するのを止めるのを自ら眺めつつ──実行しなければならないだろう。言いかえれば、死それ自身が、まさにそれが意識的な存在を無へと戻す瞬間そのものにおいて、意識へと（自己意識へと）生成せねばならぬであろう。（略）供犠においては、供犠執行者は死に襲われる動物と同一化する。そうやって彼は自ら死ぬのを眺めながら死ぬのだ……」(14)

こうして同一化という心的メカニズムに拠る模擬性を通じてではあるが、また一時的にではあるが〈聖なるもの〉を出現させる供犠は、労働と操作により、将来を目ざして行われる生産のアンチ・テーゼであって、瞬間そのものにしか関心を持たぬ純粋な消尽である。諸々の資財や生産された富を無条件に消尽する激烈な暴力性である。（これに対し客体たちの領域、すなわち禁止に則して成り立ち、保護されている領域においては、消費は理性に基づき、全て持続の必要性に服従している。）その意味で、供犠は贈与《ドン》であり、放棄《アバンドン》なのだ。

ここで〈意識〉が〈聖性〉に触れるという経験が、富の消費＝消尽の様式に結びつけられている点に注目しなければならない。バタイユが宗教の理論を探索するにあたって定めた基軸は、二つあると考えられる。その一つはこれまでも指摘したように〈意識〉がたどる〈経験〉のプロセスを、論理的に（必ずしも年代順的にではなく）追体験し、再構成してみることである。そしてもう一つは、〈労働〉（それは理性を生じさせ、理性によって遂行される）が産み出す生産物、あるいは〈富〉（むろん物質的な富も精神的な富も含む）をどのように享受し、消費するかという点に、つまり生産の様式の移り変りではなく、むしろ〈消費〉の様態の推移に注意を向けることである。もともと〈道具を作る〉という〈労働〉が動物的な自己感情から自己を意識する意識への飛躍に関わっていたことからも明らかなように、意識がたどる〈経験〉は、労働という生産活動と同時にそれによって産出された富をいかに消費するか、あるいは消費を抑制して蓄積するかという活動にも結びついているのだ。だからバタイユは、「宗教の理論はエコノミーの分析に絶えず厳密に基づく」と「参照文献解題」の中で述べているのである。

死に至る動物と同一化する人間は、なぜそれほど不安に駆られ、死を怖れるのか？　なぜならその人間が〈個人〉として実存するのは、彼が労働とその諸結果に結ばれているちょうどその度合に応じてそうなのだからである。そして労働は事物を当然のものとして含み、その逆に事物は労働を内包している。〈事物〉の要請に応えようとするからこそ、つまり〈事物〉が人間の価値や本性の根本条件として〈持続〉を定置したからこそ、〈個人〉は持続がとぎれることに不安と恐怖を抱くのである。個人は事物の秩序と両立しがたい死や、内奥性の奔騰を真底から恐れるようになる。〈聖なるもの〉は、〈事物〉、そして〈個体〉の存立が脅かされる危機を通じて生じる〈生〉の惜しげもない沸騰である。内奥性がその激烈な暴力性を露わに開示する奔出である。〈事物たちの秩序〉はそれを拘束し、脈絡づけないと持続していけない。だが、拘束されてもまた内奥性はその束縛を破って奔出しようとする。ここには際限のない矛盾が現われる。つまり一個の事物であることなしには人間として存在することが不可能であること、そして動物的な睡りに回帰することなしには事物の限界を逃れることが不可能であることだ。その矛盾に、部分的な、制限つきの解決をもたらすのが祝祭である。

祝祭においては〈客体たちの秩序〉が混沌と化し、〈禁止〉が激しく破られるため、内奥の生が奔騰し、強烈に聖性が発現するのが感じられる。だが、祝祭は最終的には〈事物〉の秩序が要請する限界内へとおさめられることになる。ある現実的な共同体を目ざす仕事、つまり後に来るはずの時を目標とする共同の操作＝作業の有用な連鎖の中へ、その環の一つとしてとりこまれるのである。祝祭は本来人間を内奥性の激烈な、聖なる奔出へと回帰させる運動だから、どんな有用な目的とも操作や作業とも無縁なはずだ。しかし祝祭が呼び出す精霊たち(神話的な神々)は、操作を行う能力も属性として持っており、そこから祝祭には豊穣の祈願とか家畜の繁殖を願うような呪術的な操作性が付与されることになる。そうした操作=作業は〈持続〉を前提として含む共同の仕事なのであり、このようにして祝祭の内には共同性が――すなわち操作と作業の共同性が――定置されていく。そして逆にこうした共同性の定置が、祝祭のもたらす内在性(聖性)に限界を施すのである。(15)

〈意識の経験〉という見地からこのプロセスを考えると、もともと祝祭が奔騰するその瞬間に、いま現に祝祭が何であるかについての明晰な意識はありえない。(16)ということは逆から言うと、祝祭が判明に区別された様態で意識の内に位置づけられるのは、ただ操作と作業の共同体の持続へと取りこまれ、合体したときのみだということである。するとそのとき祝祭は、やや逆説的な言い方をすれば、祝祭の持続を妨げる共同的な〈事物〉の持続に服従することになる。祝祭がそうであるような〈侵犯〉は、現実的な秩序を解消する力としては制限づけられ、〈禁止の領域〉が定められるのと同様に〈侵犯の領域〉(聖なるものの領域)も固定化され、〈禁止〉と相互補完的に規定し合うようになるのである。(17)

ここで露わに示されるのは、祝祭の本来的な不可能性と、明晰な意識に結ばれた人間の限界である。祝祭は人間を内在性へと回帰させるために、意識が不分明となることを求めている。明晰な意識は祝祭の奔騰をそのものとして摑むことはどうしてもできない。この宿命的な認識不能性の内に（あるいは〈非‐知《ノンサヴオワール》〉の内に）宗教の根本問題は与えられている。人間は自らが不分明のうちにそうであるもの、つまり区切られていない内奥性を喪失した、あるいはさらに拒絶し、投げ棄てた存在である。〈意識〉はもしその邪魔となる内容物から自己をそらさなかったとしたら、ついに明晰になることはできなかったであろうが、しかし明晰となった意識は、それ自身自らが喪失したものを探求しているのである。ただしその〈喪失したもの〉に接近するや否や、また新たに見失うよう宿命づけられているのであるが。

〈意識〉がたどるこの経験は、前に見たような〈聖なるもの〉の生成のプロセスを別様に言いかえているに過ぎない。つまり客体たちの閉域をこじ開け、交流を再開するために、〈非連続〉をもう一度逆に断ち切って〈失われた連続性〉を回復せんとする力動の生成する過程である。明晰化していく意識とは、道具の超越的な定置以降、次第により判明に客体たちの領域を区切り、分節化する意識にほかならない。だから宗教とは、その本質は〈失われた内奥性〉を再探求することに（すなわち〈聖なるもの〉の探求に）あるのだが、結局のところ全体として自己意識であろうとする明晰な意識の努力に帰着する。だが、この努力は空しいだろう。なぜなら内奥性の（についての）意識とは、意識が操作でなくなる地点、操作の結果としてある明晰さがもはや与えられない地点でしか可能でないのであるから。

しかしながらバタイユは、そのような全体として自己を意識する意識の可能性を、つまり失われた内奥性を復権させるような明晰な自己意識の可能性を、第二部の終末部分で暗示しているように思われる。もっともそれは、ある種の模擬性、虚構性として暗示されているだけであるけれども。

5

第二部「理性の限界内における宗教」においてバタイユは、宗教の優位が崩れて〈理性〉の課す枠組みの内におしこめられていくプロセスを考察する。そのプロセスが極度に進行していくと、宗教は（外見はともかく本質的には）衰退していき、生産活動の発展と生産力の拡大のみを確実な要素として信じる世界、〈科学〉と〈進歩〉が万能として君臨する世界に至ると思われる。

「劣等種族が全てを覆った――いわゆる民衆、理性、そして国民、科学だ。（……）
おお！　科学！　全てがもう一度やり直されているのだ。[18]」

十九世紀中葉から後半にかけて、産業発展のまだ初期といえる時代に、ひとりの本質的な詩人は既にそのような情況を洞察し、予見していた。かつての「劣等種族」――つまり幾世紀にもわたって「イエスの言葉」のうちに救済を求め続け、そのたびに欺かれ落胆するしかなかった種族――の末裔たちが、今日では「民衆」とか「国民」と呼ばれ、「理性」や「科学」を頼みにしようとしている。「科学」はいまや、「キリストの代弁者たる領主たち」に代わって「新しい貴族」となり、やがては明知を被うあらゆる迷蒙を追い払って、未知の世界に無限の進歩をもたらしてくれそうな威信を輝やかせて君臨している。

「科学、新しい貴族！　進歩。世界は歩むのだ。[19]」

「〈空なるものはなにもない、科学へ、さあ前進！〉と近代の伝道の書は叫ぶ、つまり世間全体の人々が。[20]」

第二次世界大戦における未曾有の破壊と殺戮は、そのようなプロセスのあるひとつの必然的な帰結である、とバタイユは考えたと思われる。

それでは産業の飛躍的発展が可能となった前提条件はどのようなものだろうか。またそれと並行して生じることであるが、〈意識〉がさまざまな経験をたどるうちに、〈客体(物)〉についての明晰な意識〉として成就する条件、言いかえれば徹底して客観的であり、一般的である〈学問＝科学〉として成就する条件とはどのようなものであろうか。それは神的な内奥性(内奥の生の奔騰)と現実秩序との間に、まったく関係がなくなることであろう。つまり内奥次元と事物たちの秩序との分離が完全に終了することである。そこでバタイユはそのような産業発展にまで至る道程を、主要な三つの階梯を踏まえながら考察していく。
(1)〈聖〉と〈俗〉の境界が移し変えられるとともに二元論が成立し、〈神的なもの〉はその内在性を否定されて、〈理性〉の超越性として世界の〈外〉へ位置づけられる。その超越性の力によって感覚的把握による領域は排除され、知的理解による世界が神的となる。
(2)しかしそうなると理性的・モラル的な〈神性〉は、内奥性の激烈な奔騰に反対し、現実秩序の守護神と化する。それでは内奥性の復権を求める宗教の本質と矛盾するから、〈聖なる〉性格を取り戻すために、〈悪〉による媒介作用が、また神自身が供犠に捧げられる媒介作用が必要となる。その結果、原則としては現実的な事物の秩序は〈失われた内奥性〉の探求（つまり救済）に服することになる。だが、実際はその世界は仕事＝作業に基づく世界であり、救済をあたかも〈事物〉であるかのように求める。

(3) 仕事＝作業の〈神的な〉価値が否定され、失われた内奥性の回復（救済）は〈彼岸〉へと延期されたままとなる。彼岸と現世の切り離しが完了し、現世における仕事＝作業は内奥性の回帰（消尽）と無関係となって独立し、それに至高性が委ねられるようになる。こうして自らの発展のみを至上の目標とする仕事＝作業の世界が成立する。

強引に要約すると以上のようになると思われるが、もう少し詳細に見ていくことにしよう。

供犠を頻繁に実行し、祝祭におけるオルギアを繰り返す共同体は、宗教が優位を占める社会であり、労働によって産み出される〈富〉の過剰部分（生存に必要な資財を超過する生産物・エネルギー）を純粋に〈消尽〉することで均衡を保っていたと考えられる。ところが〈軍事秩序〉（イスラム型の征服社会）は、余剰の力やエネルギーを合理的に用いるよう命ずる。つまり自らの内的実質を破壊する（蕩尽する）ような暴力的奔騰を外部に向かわせ、征服という方法的な操作や企図へと組織するのである。供犠の精神とは逆に、力の消尽があるとしてもそれはもっと大きな力の獲得という目的にかなう場合に限られる。掠奪した奴隷（完全な労働力へと還元された人間——新たな富の源泉）を供犠によって濫費＝蕩尽することを廃止し、奴隷という収益をもっぱら労働（生産活動）へと編成する。そこから生じる富や力は、〈国家〉の拡大のために使用されるのである。〈拡大する国家＝帝国〉とはもともと現実秩序に服従したものであり、〈理性〉による管理制度であって、それ自身事物たちの秩序そのもの、普遍的な事物である。そして国家＝帝国において〈法〉が必然的に発展する。〈法〉は義務・禁止・処罰などを通じてなによりも事物たちの秩序を安定させるから。法とは、不動な仕方で区切られた事物の定置を、力ずくで行う暴力性に与えられた保証にほかならない。というのも法の措定＝定置において奔騰しているのは、外的な暴力性なのである。ただし法は、個人の内的な暴力性による拘束や制裁であるモラルと二重語的な関係にある。この観点においては、モラルは、不動の客体（物）として定置された現実が侵犯される場合に、内的な暴力が奔騰する脅威として定義される。こうして法とモラルは、現実的な秩序の持続を保証し、その持続に基づく操作や作業を保証するものである。(21)

このことは原始的な宗教世界にどのような変化をもたらすだろうか。もともと原始的宗教においては、一方の側に超越性としての客体（物）の世界――その事物たちとは祝祭・供犠において破壊することを通じてしか交流できず、消尽することによってしかそこに参入できないような世界――があった。それが俗なる世界である。そして他方の側にある聖なる世界は、完全に内在性の領域であり、激しい暴力性と内奥性であって、だからその神的な世界の内には〈吉〉で清浄な要素もあれば、不吉な穢れた要素もあり、それらはともに聖なるものだった。

ところがモラルや法は、現実的な事物たちの秩序の安定と持続を保証するために、供犠・祝祭がそうであるような〈富〉の純粋な濫費や蕩尽に反対し、内奥の生の奔騰を非難し、断罪する。ということはつまりモラルは、神的な世界の内で、〈吉〉で清浄な要素、白い神々や精霊にのみ依拠し、それらの承認を受けることを前提にしているのである。だから逆から言うと、モラルが可能となったのは、原始世界の聖なるもののうち、黒い神々、不吉な穢れた神々が至高権を失い、清浄な、現実秩序の守護神が至高性を持つようになったときなのである。〈軍事秩序〉と〈国家=帝国〉の拡大のレヴェルで、すなわち意識が事物たちの世界を明確に測定する反省的思考のうちに区別化された様態で決定されるレヴェル、また言いかえると言語活動による定義づけの試みが普遍性へののり超えを導入するレヴェルで、人間は神的なものの激烈さや暴力性を、モラルがそうであるような現実秩序の認可へと還元していったのである。これは〈聖〉と〈俗〉の境界の移し変えであり、価値の転倒であると言ってよい。

現実秩序はモラルという形において理性の普遍的な秩序に服する。理性とは〈事物〉の普遍的な形態であり、また操作＝作業の（そして行動の）普遍的な形態でもある。モラルと理性はともに現実秩序を保存する必要性と、それを操作する必要性とから引き出されて、結び合わされ、ちょうど現実秩序に対して好意的な至高権をふるう守護神と同一の機能をはたすことになる。こうして理性とモラルは〈神的なもの〉と結びつき、その結びつく運動の中で〈神的なもの〉を理性的・合理的にし、モラル的にする。

こうなるとプラトン主義に近い二元論的な世界観が定置されると考えてよい。さきほど述べたとおり、原始宗教では〈聖性〉は不純で穢れた要素と、清浄な要素をともに含んでおり、内奥の生の暴力的な奔騰を本質とするのだからどちらかというと不吉で穢れた力に近いものだった。ところが二元論では〈神的なもの〉は理性的、モラル的となり、不吉な、穢れた〈聖〉を〈俗〉の側へ追いやることになる。精神《エスプリ》の世界（それは原初の精霊《エスプリ》たちの世界とはほとんど関係がない）は、知的な理解による世界であり、これに対し物質《マティエール》の世界の方が〈吉〉な要素と不吉な要素に二分され、感覚的な把握によるその形態は、明確に摑みうる場合もあるが、場合によっては定めがたく、危険で、安定した操作＝作業を破壊しかねない脅威となる。

感覚的把握による世界を〈理性〉によって力ずくで排除し、知的理解による世界へとのり超える超越の運動（力動）が二元論の原動力である。〈知性〉あるいは〈概念〉は、時間の外に位置づけられ、ひとつの至高な秩序として高みに立つ。事物たちの世界はちょうどかつて神話の神々に服したのと同じように、その至高な秩序に服従するのである。〈理性〉による知的理解に基づく世界の超越性は、感覚的把握による世界と永久に切り離され、別の世界というよりも世界の〈外〉へ出ることと言えるだろう。このようにして二元論における〈神的なもの〉は、イデアを極点とする可知的な世界として、世界の外へ超越する。〈神的なもの〉は内在的ではなくなり、つまりその内在性は否定されて、〈理性〉（知的理解にのみ拠るもの）の超越性として定置される。その反作用として、かつて超越的（非連続な切断という意味において）とみられた客体（物）たちの領域——事物の秩序——は、俗なる世界を、すなわち感覚的把握による現実的・物質的な世界を構成することになる。〈〈聖〉から失墜した不吉な神々は、その俗なる世界の内にか、あるいは冥界のようなそれより下の世界に追いやられる。もっとも〈聖〉から失墜しても、本質的な〈聖性〉を失ったわけではけっしてない。）

この現実的世界においては、二元論的世界観を抱く人間と世界との間にはもはや内奥的親密性はない。人間は事物と関わる一個の個人で、彼自身〈事物〉である。原始宗教レヴェルの人間も内奥性（の激烈さ）に常時参入していたわけではないが、祝祭・供犠が周期的にそこへ回帰させていた。それに比較すると反省的思考を行う人間は、内奥性を失った人間と言える。が、しかしまったく疎遠で見知らぬのではなく、内奥性の漠然とした記憶《レミニッサンス》を持っている。この無意識的な記憶のせいで、彼はこの現世の外へと、つまりそこには彼が内奥性に抱くノスタルジアに応じるものがなにもない現実世界から〈外〉へと超越する衝動に駆られるのである。内奥性の回帰を求めて、〈理性〉の超越性に、つまり可知的なものと結びついた〈神的なもの〉の超越性に身を委ねるのである。だからこの超越の運動は、原始段階のような切り離しとか非連続化の価値を持つのではなく、むしろ回帰の価値を持つ。内奥性の超越というパラドックスであり、瞬間的な〈目覚め〉である。

ところで〈可知的なもの〉への超越の運動は、それが否定を行う瞬間に、感覚的把握による事物を理性によって力ずくで排除する。だからその超越の瞬間は激しい暴力性の奔騰であるが、それ以外は力の奔騰という感染しやすい猛威を抑制して、事物たちの秩序を安定させ、保全しようとする。そこに善（モラル）に関わる神の矛盾が露わになる。信者はその神に内奥的交流を求めるが、そうした渇きはけっして癒されない。なぜなら善（モラル）は暴力性を排除するが、一方そうした暴力性なしには切り離された事物たちの秩序をもう一度断ち切ることはできず、だから内奥の生の奔騰も交流もありえないからである。善（モラル）の神は、暴力性を排除するために用いる暴力性にのみ限界づけられている。

ところがその神が真の意味で神的であり、内奥性に近づくのは、それが原初的な暴力性を保っている度合にちょうど応じてそうなのである。

したがって神がほんとうに〈神的〉であるために、内奥性の激しい奔騰を触媒する媒介作用が必要となる。その第一の形態は〈悪〉による媒介であり、第二の形態は神自身が供犠に捧げられる媒介である。現実の事物たちの秩序を混乱させたり、壊したりする暴力性の奔騰は、善とモラルによって、また理性によって、〈悪〉であり、〈罪〉であると宣告される。この悪の力によらなければしかし、善（モラル）の神は神性を保てない。現実秩序の守護神と化した神は実のところ至高性を失い、事物の秩序に服従し、奉仕している。だから供犠によって破壊されないと、神的な次元に復原されえないのである。

たとえば〈十字架上のイエス〉のように、供犠に捧げられた神が死に至るとき、力の奔騰こそが現実秩序を転倒するという至高な真実を受入れる。それ以降、この神はそれ自身の内でもはや現実秩序に奉仕せず、服従しない。こうやって至高な善を、そして至高な理性を、事物たちの秩序の保存という原理、またその操作という原理を超えた高みにまで引き上げる。それでこの媒介作用から発して、原則としては現実の事物たちの秩序は、〈失われた内奥性〉の探求――すなわち救済――に服することになる。

しかし実際は、内奥性は〈個体〉という様態において、また持続と操作の様態で追求されるので、ちょうど一個の事物のようにみなされる。救済とは非生産的な目的なのだが、仕事＝作業の世界においては生産的な操作の様態で追求される以外ありえないのだ。そのため事物の秩序（生産的秩序）を内奥性（破壊的消尽）に服従させるよりもむしろ、事物の秩序の原理を内奥性の内に導入してしまったのである。

〈神的なもの〉と事物の秩序の対立、言いかえれば神的な内奥性と操作の世界の分極化は、仕事＝作業の〈神的な〉価値を否定することの内にはっきりと際立つ。それによって救済（失われた内奥性の復権）は、絶えず未来の時間へと、そしてこの世界を超えた彼岸へと遅延されたままとなるのである。けれどもそれは神的な内奥性の本質、つまり内奥の生の奔騰のうちに聖性が瞬間的に顕現するという本質を無視するものである。しかしとにかくこうして彼岸と現世の切り離しが完了するのである。仕事＝作業は原則的には〈内奥性の探求〉に服従していたはずだったのだが、このような過程で内奥性の回帰（それは破壊的な消尽によって生じる）とはなんの関係もないことになる。つまり自律し、至高性を持つ仕事＝作業の世界が成立し、そこには自らの発展以外の目的はないのである。そうなると生産活動のみが現世において手の届く唯一のもの、関心を持つにふさわしい確かなものとなるだろう。非生産的な蕩尽（破壊）は、彼岸においてしか与えられず、現世にとっては価値を持たないものとなるのである。
ここで、自律している事物たちが君臨する世界、すなわち産業発展の世界が開かれる。言いかえれば内奥性と事物たちの秩序との分裂が完全に終了するのである。すると一方では、操作による生産活動が無限に発展していける。生産の生み出す〈富〉の超過は、非生産的に消尽されなくなり、拡大した再生産のために投入されることになんの障害もなくなるのである。また他方でこうした条件の下において初めて、客体（物）についての明晰な意識が完全に成就することが可能となるのである。それは意識が、内奥性とまったく切り離された〈事物〉の自律にのみ関わるという事態に依拠するのであり、それが極度に進行すると、〈客体についての明晰な意識〉の成就は、すなわち徹底して客観的であり、一般的である〈学問＝科学〉の完結性（という幻想）へと向かうであろう。

6

それは〈還元〉の極みの世界であると言いかえてもよい。太古以来、失われた内奥性を、どんな様態によってにせよ追求し続けてきた人類《ユマニテ》（人間性）は、生産を至上とするに及んでその追求を（本質的な意味では）放棄するのである。生産力の拡大のみが信ずるに足る確実な要素となり、全ての生は生産手段の発展という共同の仕事＝作業に協力して働くよう組織される。服従と奉仕に至高性が委ねられ、人間は事物の秩序に還元されるままとなったのである。

しかしこれが反転の生じる条件である。ここで初めて人間が事物へと還元されるという問題を、意識的に全体として提起することができる。なぜなら生産の莫大な過剰こそが、生産の意味を十全に啓示するからである。その意味とは諸々の〈富〉を非生産的に消尽することであり、また意識の経験という見地からすると、内奥性が自由に奔騰することの内に〈自己意識〉が成就することである。つまり自己自身へと回帰する意識が、意識自身を意識自身に啓示する瞬間は、あるいはその意識が生産活動とはそれが生み出す生産物の消尽へと捧げられているのだということを直視する瞬間は、まさしく生産世界がその生産物をどうすればよいのかもはやわからなくなる瞬間なのである。

この過程をもう少し詳細に考えてみよう。〈操作〉によって事物へと還元された人間は、〈富〉の過剰に、あるいは過剰な力・エネルギーに急立《せき》てられて、その逆の操作にとりかかること、還元の還元にとりかかることへと反転する。それは科学によって（として）秩序づけられた明晰かつ自律した意識の領野に、内奥性の諸内容を啓示することであり、あるいはまた言いかえると科学が客体を明らかにするために練り上げたランプを、内奥性の方向へと導いていく自己意識に依拠することである。

内奥性は事物たちの秩序を真に破壊することはできないだろう。それはちょうど事物の秩序が内奥性を完全に還元してしまうことができなかったのと同様である。だが、発展の頂上に達した現実世界は、それが内奥性へと還元されるという意味で破壊されることができる。意識は内奥性が意識へと還元されるようにはできないが、意識はそれ自身、自らの諸操作を逆向きにもう一度やり直すことができる。その結果そうした操作は極限的には自己廃棄してしまい、意識自身が厳密に内奥性へと還元されていくことがありうる。このような逆-操作は意識の運動に対立するようなものはなにも持たない。それどころかそれは、その運動を完遂し、成就するのである。

「それで意識は最終的には、意識が深い地点においてそうであるものへと——つまり各人がいつでも意識とはそういうものであると知っていたところのものへと還元されることになろう。だが、それはある意味においてしか明晰な意識ではないだろう。意識が内奥性をまた見出すのは、夜においてでしかないだろう。[22]そのために意識は判明に区別のある明晰さの最高度にまで達してしまっているだろうが、意識は人間の可能性を、あるいは存在の可能性をかくもみごとに完了することになるので、世界に内在し、親密に交わっている動物の夜を、判明に区別ある様態で再発見することになるだろう——そしてそこに意識は入っていくことになろう。[23]」

明晰な自己意識が、全体として自己自身に回帰する逆‐操作は、このように示唆されている。なぜ〈富〉の過剰を非生産的に消尽することと、意識が総体としての自己自身に回帰することが同じ瞬間なのかという点を中心に、もう一度整理して考えてみよう。

現実秩序（事物たちの秩序）についての明晰な意識は、いつもなにかを対象として関わり合っており、その関わり合う対象を絶えず増そうと活動している。つまりそれは生産的な秩序の明晰な意識なのである。

存在はそうした客体（物）についての明晰な意識に従う限り、成長を目ざしており、なにものか獲得すべき対象を求めてやまない。存在はそのエネルギーや資力を拡大することを目的とし、獲得の欲望、自己所有化する欲望こそ自らの欲望であると信じる。それゆえ明晰な意識および成長・発展にそのまま従うことのうちに、「存在はその独立を失い、来たるべき時においてそうなるはずのものに従属し[24]」、至高性を喪失している。したがって存在が「その還元されることのない、充溢した至高性への回帰[25]」に目覚める契機のひとつは、実のところ成長とはそれが純粋な蕩尽へと解消される瞬間との関係において位置づけられるべきだという逆説的な〈真実〉に、避けようもなく突きあたることである。言いかえると、意識が、内奥の瞬間に解消され、破壊される客体（物）たちを直視せざるをえなくなることである。

だから問題となるのは、成長（力やエネルギー、諸資財の獲得とか拡大）が、あるいは超過する生産が、ちょうど河が大海へと流れ出すように外へと流れ出し、解消していく地点に触れることである。生産された事物たちを（それとともに力やエネルギーを）留保なく消尽すること——破壊することが問われるのである。

ところがまさに意識がなにものかを獲得しよう、自己所有化しようとしている限り、つまり純粋な消尽がそうであるような〈なにでもないもの《リアン》〉を欲望するのでない限り、客体（物）の破壊や、蕩尽は困難である。だから意識は、その対象としてなにものも持たぬ意識へと、つまり自己自身へと回帰しなければならない。さきほど見たような逆‐操作によって内奥性の自由な奔騰にまで回帰しなければならない。それは成長（なにものかの獲得）においてではなく、純粋な消尽において全体としての自己意識が成就することである。言いかえればそれは「自己からけっして自己をそらすことのない、至高な自己意識」(26)、なのである。

ただしその意識は「判明に区別のある明晰さの最高度にまで達して」しまっているのであり、世界に内在的な動物たちの〈夜〉を再発見するとしても、「判明に区別ある様態で」そうするのである。なぜそれが重要なのか。破壊し、消尽するとは、客体（物）たちに対していわば明晰な意識の面の上で〈供犠〉を実践することと比喩できる。つまり客体（物）の内の〈事物〉を破壊することによって、内奥の真実を蘇生させることである。それは激しい力の奔騰とともに客体（物）を有用性の連鎖から断ち切り、労働（理性）によって定められ、それに服従した目的から解き放つことである。そして極限的には、客体（物）と主体の区別を問い直して中断すること、つまり〈私が対象を捉えて認識する〉という活動、いわゆる〈知〉の活動を宙吊りにしつつ、それとは異なる、別の次元を生み出すことである。そして、そのことによって支配‐服従の関係（それは客体の主体への服従でもあり、また見たように主体の客体への依存でもある）を解消することである。言いかえれば、失われた内奥的交流を再開させることとも言える。だからそれはある意味で、「動物の情況への回帰」という面を持つ。なぜなら激しい力の奔騰とともに非連続な個体としての主体が〈主体〉ではなくなり、それと同時に〈客体〉の定まった位置づけも外れて、主体と客体のある種の深い交流へと至るからである。が、しかしそれは内在性と直接＝無媒介へのそのままの回帰ではありえない。たしかに至高な自己意識は、客体に関わる明晰な自己の意識を〈解体〉するけれども、それはその明晰な意識がそこへ至る過程でいわば自己から疎外した〈力〉を復権させることによって、その明晰な意識をずらせながらそうするのである。だから判明に区切られた様態がずれつつ、どこまでも保たれる度合にちょうど応じて、消尽され、破壊される客体たちは人間自身を破壊することはないのである。つまり個体としての主体の破壊はなるほど客体（物）の破壊の内に含みこまれているが、戦争のような形態がその不可避的な形態であるというわけではまったくない。戦争はけっしてその意識的な形態ではない。

　こうして終りに至ると、出発点に戻ることになる。〈動物性〉を記述しようとする試みは、いわば〈開かれたもの〉を、詩人の〈意識〉が言語の作用や活動に自己流の手を加え、〈新しい〉表現法や語り口を創出することによって探求する詩に類似した位相にあると述べたが、その理由の一端がもう少し詳しくわかってくる。内奥性の自由な奔騰、あるいは留保のない消尽において、全体として成就する至高な自己意識は、まったくの主体でもなく、まったくの客体でもない両義的な渾沌《カオス》を生きる。だがそれを「渾沌」と判断するのは客体に関わる明晰な自己の意識なのであって、至高な自己意識にとってはそれは宇宙《コスモス》でもあり／でもなく、渾沌《カオス》でもある／でもない名づけようのないもの、〈未知なるもの〉と呼ぶ以外ない経験なのである。

　また見つかった！
なにが？　――永遠。

太陽と
溶け合う海[27]。

たとえばそれは、このように書きつつ詩人が生きている〈未知なる〉経験、あるいは〈私は他である〉瞬間の経験である。こうした経験、むしろ〈私が生きる経験〉とはならない経験においては、主体がもはや定まった自己への同一性を信じる個的な〈私〉ではなく、開かれている度合にちょうど応じて、客体たちの不動に区切られた現実もありえなくなる。海も太陽もすべての客観的な諸現実は、たとえどれほど堅固に閉ざされた仮象を呈していようと、永久不変に輪郭づけられた、充満した自己同一性ではなく、いつも交流へと開かれていることが啓示される。それはいわば前‐言語的な、あるいは非‐言語的な余白であって、通常の見方からすれば〈存在するもの〉ではなく、言語の作用や活動が言表しうるものによってはなにによっても〈無《リアン》〉と区別されない超過である。だが、それにもかかわらず、詩＝文学は従来の言語にあえてヴァイオレンスを加え、〈新たに意味させる〉語法、言葉づかい、文体を案出することを通して、あたう限り言い表せないものに近づこうとする。ある意味では、そうした言語活動の鍛練である〈テクスト〉が織り上げられる以前には、そもそも〈言い表せないなにか〉があるということにさえ、ひとは気づかなかったのである。

「火を盗む」ためにも言葉の行為に拠るほかない詩は、不可能なことへと向かって言葉の在り様を超過し、ずらすよう衝き動かされる。定まった言語活動の秩序と規範、その操作や作業をくつがえし、錯乱させることになる。ただ至高な自己意識が未知の〈夜〉を発見するとき、判明に区切られた様態をずらせながら組み込んでいく程度に応じて、どれほど詩的な言葉の過剰が生じても、どれほど内奥性の奔騰そのものを言葉の作動や戯れとして（そのうちに）還流させても、詩は精神病者の言葉とか幼児の口ごもりにまで還元されてしまうことはないだろう。

註

（1） 拙稿「〈私＝他者〉の経験、あるいは〈未知〉への接近」（『未知なるもの＝他なるもの――ランボー・バタイユ・小林秀雄をめぐって』、哲学書房、一九八八年）を参照されたい。

（2） *Le Coupable*, Œuvres complètes, tome V, Gallimard, p. 282.（『有罪者』、出口裕弘訳、現代思潮社）。

（3） 付け加えておくと、一九四八年二月二十六日、二十七日に「コレージュ・フィロゾフィック」で二回行った講演『宗教史概要』を発展させて記述された『宗教の理論』は、一九五三年のプランによると「非‐知のもたらす効果に関する著作」の一部として組み込まれ、『笑い死ぬ、死ぬことを笑う』という総題の下にまとめられることになっていた。一九五四年の『内的体験』の再版の中では、その著作の題名は『非‐知の未完了な体系』と変更され、『無神学大全』の第五巻となる予定であった（第四巻の予定は、これも完成しなかったが『純粋な幸福』）。その『非‐知の未完了な体系』は第一部が『宗教の理論』であり、第二部がやはり「コレージュ・フィロゾフィック」で行った〈非‐知〉に関する五回の講演をまとめ、改稿したものとなる計画だった。実際はバタイユの病気と死によって、こうしたプランは実現されることはなかったが、『宗教の理論』が高い完成度を持つにもかかわらず生前には未刊に終ったのは、内容に不満があったというよりもおそらくそれを組み込むもっと大きなプランを練っていたためである。

（4） リルケ、『ドゥイノ悲歌』、第八の悲歌。引用は次のフランス語訳に拠った（Rilke, *Les Elégies de Duino, Les Sonnets à Orphée*, traduit de l'allemend par J.-F. Angelloz, Aubier-Montaigne, Coll. Bilingue.）。

（5） Blanchot, *L'Espace littéraire*, Coll. Idées, p. 173.（『文学空間』、粟津・出口訳、現代思潮社）。

（6） リルケ、『ドゥイノ悲歌』。第八の悲歌。引用は前掲フランス語訳に拠る。

(7) 同じく第八の悲歌。引用も同じ。
(8) リルケ、『後期詩集』、一九一四年八月の日付けの詩。引用は前掲書の内にあるJ.-F. Angelloz のフランス語訳に拠る。
(9) *Théorie de la religion*, Œuvres complètes, tome VII, Gallimard, p. 298.(本書、三七ページ)。
(10) ここでは指摘するだけで深入りすることはできないが、フロイトの思想(精神分析)においては、個人史の内に、あるいは個人〈先史〉の内に、ある意味で〈動物性〉に近い内在性と無媒介の状態があると想定されている。きわめて概略化して言うと、それは〈前エディプス期〉と呼ばれる段階、つまりエディプスの過程とともに記号を操作し、用いる機能を習得し、言語活動の内に参入していく以前の段階である。
フロイトの見解をラカンが敷衍したところに従うと、言葉を用いぬ者《インファンス》である幼児はいつも母が傍らにいて授乳し、それに伴う快感を与えてくれるように、つまり母を(その身体を、乳房を)独り占めするために、「母の欲望」である、すなわち現実の母に欠如しているペニスの像であるファロスと一体になっている(母がそうであるファロスと合体している)。幼児と母は想像的なレヴェルの〈双数〉関係にある。ほとんど無媒介的な、〈関係〉のない関係に溶け合っている。言いかえると幼児は母という唯ひとつのアルテル・エゴとしか関わりを持たず、区別のない融合的な充足状態に生きているので、そこには〈関係〉もなく、他(者)もない。幼児自身この他者であり、あの他者であり、すべての他者なのだから、なにに対しても第三者的な〈隔たり〉、つまり対象化（客体視）を可能にする距離をとれない。外界は〈内〉である〈自己〉と切り離された、なにか他なるものによって媒介される現実ではない。

もしこうした見方が言語に達する以前の幼児の真姿に近いとして、それはそっくりそのまま動物性の内在と直接＝無媒介に重なるわけではない。が、しかし〈聖なるもの〉の発生を考えるとき、内在と無媒介の〈連続性〉を非連続へと切断する分離の始まりである客体の超越性の導入まで遡るバタイユの思考様式は、フロイトの次のような指摘と関連づけてみるべきであろう。つまりたとえば『文化への不満』の冒頭部分でフロイトは、『ある幻想の未来』を贈られて感謝状を書いてよこしたロマン・ロランがあらゆる宗教的なエネルギーの源泉として「ある〈永遠〉の感情、なにかしら無辺際・無制限なもの、いわば〈大洋〉のような感情」を主張しているのに対し、こう答えている。〈自我〉と外界との境界線は、生誕以降さまざまな段階で引き直されて成人の自我感情となってきたのであり、もともと「一切を含んでいた自我が、あとになって外界を自分の中から排除する」のである。だから「今日われわれが持っている自我感情は、自我と外界との結びつきが今よりも密接であった当時にはふさわしかったはるかに包括的な——いや、一切を包括していた——感情がしぼんだ残りに過ぎない」（『フロイト著作集』第三巻、浜川祥枝訳、人文書院）と考えられる。「しぼんだ残り」はしかし、一切を包括していた状態のことを、すなわち〈自己＝世界〉の状態で味わった快感を完全に忘却してしまうことはありえない。漠然とにせよその記憶を有し、その状態を回復しようとどこかで願い続けている。区切られ、制限づけられた個とは違う、なにかしら〈無限〉という感情、時間の経過（持続）に左右されることのない〈永遠〉という感情——たしかに宗教感情のある一つの表れ方——は、前エディプス的な融合状態と緊密に結ばれた感情であるとされるのである。バタイユは〈聖性〉の発生する起源を、内在性と無媒介という連続性が断ち切られる〈不連続化〉まで遡行して考えているが、フロイトは個人史（先史）の視角から〈自己〉と〈他者〉の区別以前、主体である〈自我〉と対象＝客体との分離以前の幼児的な自／他、主／客の区分が不確定な融合状態の及ぼす復原力として〈宗教〉のある一面を考えていると思われる。

（11）《(B) Conscience de soi, IV. La Vérité de la Certitude de soi-même, A. Indépendance et Dépendance de la Conscience de soi ; Domination et Servitude》in *La Phénoménologie de l'Esprit*, traduit par J. Hyppolite, Aubier-Montaigne. およびA. Kojève, *Introduction à la lecture de Hegel*, Gallimard, 1947. に拠る。

（12） *Théorie de la religion*, op. cit. p. 312.（本書、六六ページ）。

（13） たとえば、ルネ・ジラールの『暴力と聖なるもの』においては、ここで述べられたこととはむしろ逆に「宗教的なものはいつも暴力を鎮めようと狙っており、暴力性が奔出することを妨げようとしている」とみなされているが、そういう食い違いが生じるのはなぜか。ジラールが問題としている暴力性は主として外へと向かう暴力、外部へと激発する暴力のことであり、自己の内的実質を純粋に消尽する内奥の奔騰ではない。またジラールの言う聖なるものはもう既に成立し、それとして固定した〈聖なるもの〉である。その事情をよく示す例を挙げると、ジラールは宗教とモラルがいつも既に一体化していると考えているのに対し、バタイユの言う聖性（宗教性）は内奥の激しい力の奔騰であり、〈吉〉で清浄な要素もあるが、むしろ不浄で〈不吉な〉聖性なのである。そして『宗教の理論』第二部において、〈聖〉と〈俗〉との境界が移し変えられ、聖性（宗教性）とモラルおよび理性が結びつくプロセスが考察されている。

供犠が猛威をふるう社会、消尽（破壊）によって自らの内的資源（富）を純粋に消失する共同体は、暴力性が外部へと向かって奔出することを妨げる。バタイユのこの視点に基づいてジラールは、宗教性の機能と役割を考察する方向へと進んでいると思われる。

(14) Bataille,《Hegel, la mort et le sacrifice》, in *Deucalion* (No. 5,《Etudes Hégéliennes》), octobre 1955, Ed. de la Baconnière.

(15) 原則的に言えば、祝祭がそうであるような〈侵犯〉は、つまり自然的与件の否定によって生じた〈禁止〉の領域を、もう一度逆に否定する行為は、そのまま元の・与えられたままの・直接的な内在性へと回帰することにはならない。侵犯は一時的・部分的に禁止を解除するが、必ず最後には禁止の効力を維持する様態においてしかそうしない。それで結局禁止の価値を高めることに帰着する。祝祭がもう既に〈祭礼という制度〉として操作と作業の共同体のなかに制度づけられているときには、この原則は揺るぎない。禁止は実体的なものではなく、畏怖とか魅惑的不安といった心的力域であるから、そのまま放置されると（服従されたままになると）忘却され、力が薄れる。侵犯されることによって禁止は生きたものとなり、その力が確認される。

(16) それは〈内的経験〉において、あるいは至高な経験、至高な瞬間の経験においてバタイユが深く自覚したところである。いま現に至高な瞬間を生きる意識は、それが何であるかを言説的な思考とそれを支える言語によって語ることは不可能なのである。ラカンはおそらくバタイユの〈内的経験〉を念頭におきつつ、快感享受について同じことを指摘している。「快感を享受している瞬間そのもの」には、「私は気持がよい」というような言説を行うことはできない。それを語るときには、それ以前の経験に参照を求めているか、その経験が過ぎた後になっているかのどちらかなのである。

(17) しかし最も本質的な意味における侵犯、いわば一種の〈革命〉のように〈禁止＝掟〉の枠組み全体を転倒するような侵犯は、固定した領域に囲いこまれるものではない。見てきたとおり、〈俗なる〉世界あるいは〈事物たちの領域〉は元来禁止によって生じてきた領界である。抑制と禁止によって可能性を開かれた労働、および理性に基づいて築かれているのである。しかしその領界がそれとして固まり、安定すると、それはまるでいつも既にそのようなものとして実在してきたかのように認識され、ほとんど禁止とは意識されない。むしろ逆に〈聖なる〉活動のほうが禁じられているように錯覚される。聖性は囲われた圏域のうちに鬱積し、眠りこんだようになる。それを打ち破り、力動としての聖性を再び奔出させ回帰させるのが、その語の強い意味での侵犯なのである。

ところでクリステヴァの言う原記号作用《ル・セミオティック》という概念は、前エディプス期に位置するとみなされ、だから「シンボル化の作用に先立つ前段階」であって、「記述の必要性によってのみ正当化されるような理論上の仮定にしか過ぎない」と言われている。(*La Révolution du langage poétique*, Seuil, 1974, p. 67.) 原記号作用は意味形成（記号形成）の原基であり、シンボル化の能力および記号象徴作用《ル・サンボリック》（そしてそれを基盤とする言語活動《ランガージュ》）の前提条件である。原記号的な動性（フロイト的に言えば欲動の動性に近い）は、幼児が鏡像段階と〈エディプス〉複合を経るあいだに、母と子の想像的な双数関係（融合）に含み込まれていた状態から切り離され、独立した力動過程として作用する。そのプロセスを通して幼児のうちに定立性（〈主体〉のそれとしての定立）を生じさせ、記号象徴作用を可能にする原動力として働くのであるが、いったん成立し、それとして固定した〈シンボル界〉の秩序とその作用からは、その安定した操作を乱しかねない怖るべき危険として排除される。だから原記号作用は疎通と鬱積の交互性として現われるのだけれども、とくに記号象徴作用が安定して作動している限り、鬱積し、眠りこまされた状態となる。では原記号的な動性が、シンボル界の操作のうちへと二次的に回帰するとすれば、それはなにに拠るのか。やはり強い意味における侵犯に拠るのである。シンボル界の秩序と作動を侵犯することを通じて（その行為のうちに）、原記号的な動性は再び能動化し、疎通する。シンボル界を引き裂いて否定性（撥ね除け《ルジェ》）が再び奔出するのである。このようにクリステヴァの原記号作用と記号象徴作用の拮抗とダイナミズムという理論構成は、バタイユから多くの要素を継承している。

(18) Rimbaud, *Une Saison en enfer*《Mauvais Sang》(ランボー、『地獄の一季節』)。

(19) *ibid.* (同書)。

(20) *ibid.*《L'Eclair》(同書)。

(21) 『宗教史概要』では、ここでより高度な言語活動の導入を重視している。モラルもそうだが、とくに法は言語を正確に用いて定義しなければならない。慣習的な掟を法として正確に定義するために言語を用いると、一方では言語活動のレヴェルが一段と高められ、言説的な思考を支える言語が〈神聖な〉意味作用をおびるようになる。また他方で、言語は具体的な個々の事物や事象を名づけるときでも、その記号作用の本質からして抽象化を行い、一般的な〈名称〉や〈概念〉へと抽出し、普遍化するから、各々のものの限定された個別的次元から普遍的な次元へと移行する可能性と必然性をもたらす。だから法とモラルが高度化した言語活動によって次々と定置されていくということの内に、ある種の必然的な与件として、〈此処といま〉における内奥性の奔騰としての〈聖なるもの〉をのり超えて普遍性へと向かう運動、〈神〉(超越神・人格神)という形態へののり超えの運動が与えられることになる。すると原始的な宗教世界とは異なる断絶が生じてくるだろう。〈聖なるもの〉の領域は、もはや全的に内在性の領域というわけにはいかなくなる。原始宗教には存在していなかった〈超越的な〉聖なる世界が現われてくるようになるだろう。

(22) 客体に関する(客観的な)認識、つまり判明に区別のある認識とは、一時停止とか待機とかを要求する操作である。持続を前提とし、来たるべき時を気遣い、それに服従している。ところが内奥性、あるいは神的な生とは即時（無媒介）的なものである。それは至高な瞬間なのである。とすれば、判明に区別のある認識と内奥性とを瞬間的にせよクロスさせることはありえるのか？　それは不可能なことだろうが、しかし〈非‐知〉の夜を肯定することによってのみ、かろうじて近づくことができるであろう。

(23) *Théorie de la religion*, op. cit., p. 343.（本書、一三〇―一三一ページ）。
(24) Bataille, *La Part maudite*, Editions de Minuit, p. 224.（『呪われた部分』、生田耕作訳、二見書房）。
(25) *ibid.*, p. 223.（同書）。
(26) *Théorie de la religion*, op. cit., p. 350.（本書、一四一ページ）。
(27) Rimbaud, *Éternité*.（ランボー「永遠」）。

文庫版あとがき

本書は、Georges Bataille, *Théorie de la religion* の全訳である。翻訳の底本としては、『バタイユ全集』第七巻Œuvres complètes, tome VII, Gallimard, 1976所収のテクストを使用し、イデー叢書版Collection《Idées》, Gallimard, 1974を参照して、ごく少数のヴァリアントは註で指摘しておいた。

『内的体験』（一九四三年）、『有罪者』（一九四四年）を公表したあと、雑誌『クリティック』を創刊した時期に、つまり『呪われた部分、I 消尽』とほぼ同時期に執筆された本書は、それらの著作と並んでバタイユの思想を（とくに中期以降を）知るうえで必読のテクストなのであるが、フランスでも一九七四年に初めて読者の眼に触れることが可能となった。後期のバタイユ（『エロティシズムの歴史』（一九五一年版）、『エロティシズム』（一九五七年版〕、『至高性』、『ラスコーあるいは芸術の誕生』、『マネ』、等々）を十分に読むためにも、本書を理解することは重要であると思える。本書の構成や骨子に関しては、解題に代わる小論で多少とも記したので、ここでは『宗教の理論』の独特なところについて、それがアクチュアルな問題系に連なると思われる限りにおいて、少し言及してみたい。

＊

『宗教の理論』がこれまでの宗教史、宗教社会学、宗教哲学から多くを学びながらも、それとは異なる独自の観点や解析法を示しているところはどこだろうか。その一つは、宗教的なものの発生を考えるときも、また宗教性の優位が崩れ、生産性・合理性がすべてに優先する社会体制が成立していく過程を考える際も「エコノミーの分析に絶えず基づいて」考察を進めるところである。そしてもう一つは、ヘーゲル的な論理《ロジック》と弁証法《ディアレクティク》の運動を咀嚼し、あたう限りそれをたどりながら、それでも同時に弁証法の運動がもうそこでは働かなくなるような次元、つまり「いかなる綜合《ジンテーゼ》もそれをのり超えることができない」次元を模索しようと試みるところである。

たとえばバタイユは本書で、古来謎めいた宗教祭儀と思われてきたサクリファイスが原初の人間にとってどんな意味を持っていたのかという問いに応えて、できる限り体系的に自らの思想を提示しようとしている。ロバートソン・スミスも『セム族の宗教』で指摘するとおり、供犠《サクリファイス》は原始・古代宗教の核であり、「供犠のない祝祭はなく、また祝祭を伴わない供犠もない」のであるが、バタイユは供犠および祝祭を広い意味でのエコノミー活動と関連させて考えていく。

モースがユベールとの共著『供犠の本性と機能』で記しているように、どんな供犠にも見られる特徴は「〈犠牲《ヴィクティム》〉という媒介によって、つまり祭儀のなかで破壊される事物の媒介によって、聖なる世界と俗なる世界のあいだの疎通《コミュニカシオン》＝交流を確立すること」である。分類するやり方で整理すると、一方では〈聖化《サクラリザシオン》〉の供犠がある。つまり供犠を行う祭主（多くは執行祭司と同じ）の宗教性を増大させる仕方で〈犠牲《ヴィクティム》〉が破壊され、〈犠牲〉のうちに生じた聖化する力が祭主のうえに移行する供犠である。また他方では、〈脱聖《デサクラリザ》化《シオン》〉の供犠がある。つまり祭主がもう既にある種の聖性を（それはいわゆる神聖さではなく、掟や戒律を守らないことで生じる罪とか不浄な事物に触れたせいで身に付ける穢れという聖性である）をおびており、そうした宗教的な聖性＝罪＝穢れを〈犠牲〉のうえへと移しかえ、破壊したり追放したりして除去する供犠、贖罪であり、穢れを祓う供犠である。ただし「現実には、贖罪の供犠、穢れを祓う供犠のうちにいつも〈犠牲《ヴィクティム》〉の聖化が見出される」し、「反対にあらゆる聖化の供犠のなかにも、脱聖化（贖罪、浄化）は必然的に含意されて」いる。

モースの供犠論を踏まえつつも、バタイユは一歩踏み込んで、供犠＝祝祭は人間の労働・作業、合理的な操作、生産活動を（それとともに生じたある種の〈事物〉性を）打ち消す仕方で破り、侵犯するものであると考えていく。いくつかの著作において、バタイユは人間が死を意識するようになること、それとともに〈自己の意識〉を抱き始めること、根本的な禁止＝法——死の禁忌、性の禁忌——を自らに課しつつ労働を開始することを考察している。供犠とはそのように労働し始めた人間が作業することで自然を改変し、手を加えて作り出した大切な生産物（牧畜の成果である羊とか、農耕の結実である稲や麦など）を、なにかに役立つ仕方で消費するのではなく、まったく無益なかたちで、だがそうであるがゆえに晴れがましい様態で——精霊たちに捧げつつ——消尽することである。それゆえ供犠にとって本質的なことは、殺害して血を流すことではなく、贈与すること、それも「放棄する仕方で贈与すること」である。

「供犠にはいつも必ず死が結びついているというわけではなく、最も荘厳な供犠が流血の行為をともなわないこともありうる。犠牲として捧げるということは殺すことではなく、放棄することであり、贈与することである。」

バタイユはこの純粋な贈与の次元、贈与を行う者へと戻ることのない、まったくの放棄としての贈与の次元を供犠にとって最も本質的なものであると考える。自らが労働して生産した物、自己所有する貴重な事物を破壊し、消失してしまうことは、有用性がつながる連鎖、その回路のうちにとどまるはずだった〈富〉をそこから引き剝がし、なにも再生産に役立つ見込みのないやり方で消尽することである。

それでも原初的サクリファイスは、精霊たちや神々に贈るという仕方で貴重な〈富〉を破壊し、消尽したのではないだろうか。そういう栄光ある様態で破壊されることで初めて、〈事物〉化していた羊や稲は、そして破壊し放棄する主体《ひと》もまた、ある輝きを取り戻したのではないか。そして精霊たちや神々はある恩恵を施してくれる、つまり家畜を繁殖させ、穀物を豊かに稔らせてくれると信じられるのではないか。こうした豊饒の祈願という呪術的操作の面が、供犠の本質と思われていくのではないか。

たしかに歴史的にたどればそうである。しかしそれは視角が転倒しているのかもしれない。『道徳の系譜学』でニーチェが警告するように、起源と（そこから派生した）結果を取り違え、〈なにに役立つか〉という有用性から原因を解釈し、合目的性のなかに本質を求めているかもしれない。

たとえば、こうも考えられないだろうか。つまり俗なるものの世界を超えた次元、生産活動を中心とし、その拡大や再生産に役立つ仕方で享受＝消費したり、贈与（という形を取る交換）したりする、通常のエコノミーのサイクルを超えた彼方の次元がなくてはならないもの、必須なものとして析出されたのであり、また絶えず析出されるのだが、そういう次元は長い歳月にわたってほとんどつねに〈神的なるものの次元〉としてしか考えようがなかったし、そう信じられてきたのだ、と。ただしこうした思考は〈歴史の進展〉を第一に考慮する見方を中断し、いわば括弧に入れてしまう見方であり、〈永遠回帰〉的な思考様式である。

消尽や贈与の〈純粋性〉をめぐる問いは、そもそも初めから両義的であるのを避けられない。たしかにバタイユはある箇所では、供犠＝祝祭についてそれが「作り出し、保存する世界から、つまりすべてが持続の必要性に服している世界から無条件な消尽の激烈《ヴァイオレンス》さへと移行すること」であり、「将来を目ざして行われる生産のアンチ・テーゼであって、瞬間そのものにしか関心を持たぬ消尽である」と書く。それゆえ、まったくの放棄であり、純粋な贈与であると語っている（そう思える）。ただしそうした語り口は、より明確に記述する必要に応じている面があるのも確かである。

他の箇所では、俗なるものの領界を（その〈事物〉性を）打ち消す仕方で破り、侵す供犠＝祝祭がまったくの消尽として——純粋な侵犯として——生起することは不可能なことであると、それも〈本来的に不可能〉であると書いている。

「祝祭がいま現在としてなにであるかについての――つまり、祝祭がその奔騰の瞬間においてなにであるかについての――明晰な意識はありえない。そして祝祭が判明に区切られた様態で意識のうちに位置づけられるのは、ただ共同体の持続のうちに取り込まれ、合体したときだけなのである。祝祭（燃え上がらせる供犠とその激しい燃焼）の意識的な在り方とは、このようなものである（つまり、祝祭はそのとき服しているのだ――祝祭が持続することを妨げる共同的な事物の、その持続に服しているのである）。だがこのことは、祝祭の本来的な不可能性と、明晰な意識に結びつけられた人間の限界《リミット》をよく示すものである。」

このパラグラフでは、明晰な意識、判明に対象を区切って言い表す意識が〈祝祭〉をそれとして捉えることの困難さ、限界について語られている。つまり供犠＝祝祭は〈知ること〉の次元にのみは収まらず、認識しえない、非‐知の次元を秘めていることが言及されている。この点については、あとでもう一度考えよう。

ここでは、『呪われた部分、I　消尽』のなかで、バタイユが〈贈与をめぐるアポリア〉として触れている点を見る。ポトラッチのような競争型の過激な贈与は、極端な場合自らの有する〈富〉を全的に破壊するにまで至ることもあるので、まったくの消尽であり、純粋な贈与であると思える。だが、他方から見れば、贈与する者は〈威信〉という心的な優位、精神的な高みを獲得し、自分へと結びつけて所有することになるかもしれない。そういう曖昧さはつねにつきまとっている。なにも計算せず、利益を度外視していることが、しかしまた同時に計算の極みとなることもありうる。〈失う者が獲得し、獲得する者が失う〉という逆説的な賭。たしかにそういうパラドックスはある真実を告げている。が、しかしその真実はいつでも虚偽へと逆転する可能性に裏打ちされている。つねに両義的なままとどまる。

こうした曖昧さ、両義性は、どれほど強烈な供犠＝祝祭にも、いかなる消尽＝贈与にもつきまとう。そして、もっと広い視野で眺めるならば、いわゆる宗教的な倫理性、真面目さ、誠実さというものをはぐらかし、つねに疑問視させ、決定不可能にしてしまうかもしれない。たとえば『福音書』においてイエスは「この世界の財」を放棄し、断念せよ、そうすれば「密かに見ている父が天上でもっと豊かに輝く財宝を与えてくれる」だろうと言う（『マタイ福音書』、一九章、21）。また「あなたがたの最大の者はしもべであれ。自らを高くする者は低められ、自らを低くする者は高められよう」（『マタイ福音書』、二三章、12）と言う。ただ、こうした気高い倫理性も、〈失う者が獲得し、獲得する者が失う〉というあの逆説的な賭の両義性を絶対的に免れている、と確定することは不可能である。

だがしかし、このことは贈与的な倫理性の価値を縮減させるわけではない。むしろこのようにのり超えがたい、解消しえない両義性、宙吊り状態およびそれに伴う問い直しという次元を経由することによってのみ、そしてその宙吊り状態および問い直しが反復されることによってのみ、真面目さや誠実さ、倫理性は〈宗教あるいは宗教制度〉の内側に位置づけられて判断されるのを前提にすることなしに考えられるのである。

*

いま述べた決定不可能な宙吊り状態および問い直しを、もう一度供犠=祝祭の理論と関連させて言いかえれば、それは禁止と侵犯の弁証法《ディアレクテイク》の運動内に収まることのない〈革命的瞬間〉に相当すると言えるだろう。

見たように、原理的に言えば、供犠=祝祭にとって本質的なことは〈侵犯すること〉である。俗なる世界を生み出し、支えている禁止を破る。労働と合理的な活動が産出する世界。人間にとって自然的な所与だったなにかを禁じ、抑制するおかげで可能となった〈理に適った〉ふるまいと行動の世界。そういう行動や操作によって生産された資財、〈富〉を再生産の拡大に役立つ仕方で分配し、交換し、消費する世界。こうした〈事物たちの秩序〉を、そしてそれを律し、維持している〈法〉を、供犠=祝祭は激しく揺さぶり、侵し、混乱させるヴァイオレンスである。

とりあえず、そう言ってもよいだろう。

ところでしかし、いまもし逆に〈侵犯は祝祭である〉と言いかえればどうだろうか。私たちはある印象を抱くであろう。つまり侵犯はヴァイオレンスであるとしても、その破壊力、解体力にはいつもリミットがあるのではないかという印象を。《fête》という語を「祝祭」と訳すのは、あえて曖昧さを持たせるためである。もしこの語を「祭儀、祭礼」と訳すとすれば、この《fête》がもう既に成立している宗教（あるいは宗教制度）のうちに位置づけられているというニュアンスが浮き出す。ある種の破壊や混乱を伴っているにしても、真に危険なところはないという含みがより強くマークされるだろう。

このことは翻訳にまつわる些細な問題に見えるが、それだけではない。もともとバタイユは《fête》という語を両義的なニュアンスを持つ言葉として用いている。むしろこう言うほうがよいかもしれない。『宗教の理論』の「III　供犠、祝祭および聖なる世界の諸原則」において用いられている《fête》は、人々が通常そう呼んでいる——そして宗教学や宗教史もそう名づけ、研究している——「祝祭、祭儀、祭礼」とは同じではなく、かなり相違している。それは、フロイトが抑圧に対して原抑圧というタームを用いているのにならうならば、原祝祭［Urfest］と呼びうるようななにかであり、いわば〈祝祭の発生する由来〉である。あるいは〈祝祭が生じる力動過程〉である。ただし原祝祭とは一種の作業仮説、もしくは理論上の虚構としてしか想定できないかもしれない。というのも原祝祭という力動過程は〈明晰な意識〉とは両立しがたいからである。知の次元からはみ出し、認識の対象として定まらないからである。

原理上は、原祝祭は純粋な侵犯であり、〈事物〉性を解消する際限のない力動であって、そこには限界も留保もない。

だが原祝祭は実際上、必然的に〈限界づけ〉られていく。バタイユは(原)祝祭がほとんどすぐに有用なものであると受け止められていくこと、そして祝祭が豊饒をもたらす呪術的操作の能力を持つと信じられるようになれば、やがて〈来るはずの時を目ざした共同の仕事=作業〉というかたちで操作と作業の共同性が祝祭のうちに措定されることを指摘している。(ただこれは一面であり、他の面もありうるので、大いに議論の余地があるだろう。バタイユももっと探究すべき領域があることを示唆している。)

(原)祝祭はすぐに〈共同的な事物〉のなかに、つまり家畜を繁殖させ、穀物を豊かに稔らせる作業、およびその成果の連鎖のうちに取り込まれ、その環の一つとして位置づけられる。そういうプロセスと、(原)祝祭の持っていた侵犯する力、暴力性や破壊性に限界が課せられていく過程は一体である。(原)祝祭は俗なる〈事物〉を支える禁止=法を破るヴァイオレンスに違いないのだが、しかしその力の激しさは制限され、真に転覆力を持つものではなくなる。(原)祝祭は文字通り〈祭儀=祭礼〉となっていき、宗教制度を真に脅かすことはないまま適度に破り刺激する〈聖なる時間・空間〉として定められる。生産活動や経済活動が、またそれを保証する法が円滑に運用されるために有用な、必要な違犯、逸脱であり、意味のある混乱であるとみなされる。

いま述べたプロセスは大急ぎで図式化したものにしかすぎない。けれども〈侵犯という力の運動〉がほんとうに破壊力を持つもの、革命的なものになることがいかに困難であるかをよく示している。

侵犯する力の動きは〈法＝禁じる力の作用〉を超え出し、法に服するなかで遠ざけられていた力動過程が勢いを取り戻す。しかしこの力の動きは規範＝禁止を解消してしまう（廃棄すること）はない。それどころかむしろ、逆説的にも禁じる力の強さを再び確認させる。人間が〈人間化する〉ためにどうしても抱かざるをえなかった怖れや嫌悪感の激しさ——つまり遠ざける力の作用——を再度目覚めさせ、その強さが薄れないよう維持することになる。だからある意味で、法＝禁止の価値をさらに高めるのである。むろんそのことで、禁止という心的抵抗や拘束力が働くにもかかわらずそれをあえてのり超える欲望や侵犯行為の価値も深まる、という面もある。

こういう具合に、禁止＝法と侵犯は、ヘーゲル的な意味での弁証法の運動を構成するようになる。

この運動の〈綜合《シンテーゼ》〉化する力はきわめて強力なので、どんなに激しい侵犯が〈法〉を瞬間的に切り裂くとしても、ほとんど必然的に最終的には禁止の効力を一段高めて維持するかたちで〈綜合〉が行われ、統一性が回復される。侵犯が〈制約づけ〉を打ち破る力、その有効性は、いわば法によって予測され、ほぼ予期された範囲に収まるまでになることもありうる。

だがしかし、もう一歩進んで掘り下げてみよう。

侵犯する力の作用は祭儀のようなやり方で法的秩序を破るということだけではない。(というよりも、見たとおり〈祭儀のような仕方で破ること〉は、もう厳密な意味での侵犯ではないのである。)それは、ちょうど政治的・社会的な〈革命〉がそうするのと同様に、これまで支配してきた〈法〉と秩序を破り、壊すことであり、そうすることを通じてある別の〈法〉を力ずくで発布しようとすることである。つまりこれまで〈だれもがそれに服し、その制約内でふるまう〉ようにさせる拘束力を発揮して通用してきた法を破壊し、その効力を中断して、ある新しい法を創設しようとすることである。それをとりあえず〈革命的瞬間〉と呼ぶことにしよう。

最も厳密な意味での侵犯とは、この革命的瞬間に関わっている。〈法=規範づけ〉は本質的に言えば力の作用以外のなにものでもなく、法とは認められた力、権威づけられ、いつも自分を正当化する力である。この力によって決められた規則＝区切り方を破って変えるためには、ヴァイオレンスが、つまり荒々しい力業がなければならない。侵犯はこの荒々しい力業であり、いままで禁じる効力、制約づける効力をふるってきた規範を中断し、宙吊りにする。そうやって既成の法を中断する行為や過程が、ある意味で同時にある新しい法を力ずくで通用させることである。

　この中断と宙吊りのモメント、いわばエポケーのモメント、革命的変化のモメントは、法のなかで非-法としてある一つの独特な審級をなしている。それはいかにも例外的な、極端な事態のように見える。しかしそうではなく、それこそ法の〈歴史〉なのである。こういう〈革命的瞬間〉はつねに起こる。そしてジャック・デリダが『法の力』で指摘するように、けっして〈現前性《プレザンス》という様態においては〉起こらないのである。

　バタイユが「祝祭の本来的な不可能性」を強調し、また「明晰な意識に結びつけられた人間の限界《リミット》」について語っていたのは、このことに関わっている。もう一度引用してみよう。

「祝祭がいま現在としてなにであるかについての——つまり、祝祭がその奔騰の瞬間においてなにであるかについての——明晰な意識はありえない。」

供犠および（原）祝祭という侵犯的ヴァイオレンスは、すなわち〈禁止＝法〉的秩序を転覆する力の奔騰は、〈明晰な意識〉にとってアクセス不可能なものである。その荒々しい力業、効力は、「人間性（明晰な〈自己の意識〉としての人間、主体およびそのロゴス的能力としての人間）の「本性のうちに取り込まれ、合体してはいない」。〈意識〉はそうした力動過程の激烈さ、その〈行為遂行〉を、どうしてもそのものとしては捉えることができない。（逆から言うと、そういう「無力さ」、不可能性のゆえに、「祝祭の奔騰は可能になる」のであり、また反復されることも可能なのである。）こうした力の激しさ、法的秩序の破壊と中断による宙吊り状態、新しい法を力ずくで通用させる行為遂行は、〈主体としての人間＝私（の意識）〉がそれを現在としては生きることのできないなにか、すなわち〈私へと現前するもの〉という様態では経験されないなにかである。

それは認識の対象になりきることはなく、いつも超過する部分、余白がある。〈知〉の次元のみには収まらず、つねにそれを溢れ出す非‐知の次元を秘めている。

こうした〈革命的瞬間〉は、それが還元しえない非‐知の次元を秘めており、〈現前性〉という様態において生きられる〉可能性をつねにかわして除外してしまう程度に応じて、けっして完了することがない。〈終る〉ということがありえず、つねにまだ来たるべき出来事として未‐来のほうから回帰し、再来する。

さきほど少し触れたように、いまもしサクリファイスは――あるいは〈留保のない〉消尽、〈純粋な〉贈与は――真実を告げるものなのかどうか、誠実なのかどうかと問うとすれば、そうした真実性への問いに応えることは最初から両義性を免れることができず、曖昧さにつきまとわれている。だからこそ人々はきわめて長い歳月にわたって、この曖昧な両義性を回避し、真か偽かを決定可能にするために、〈通常のエコノミーを超え出た彼方の次元〉を〈神々の次元〉として固定してきたのである。言いかえれば、定まった宗教（あるいは宗教制度）の内側に位置づけて判断してきたのである。

〈革命的瞬間〉という宙吊り状態、法的秩序を解体的に中断しつつ問い直し、別の法を力ずくで通用させる行為遂行。その回帰、反復を絶えず経由することによって初めて、消尽と贈与の真実性への問いを、固定された〈神的なるものの次元〉を前提にすることなしに、また宗教（あるいは宗教制度）の内側に位置づけてしまうことなしに考える可能性が、むろん困難には変わりないにせよ開かれるだろうと思われる。

＊

本書の初版は、一九八五年に刊行されたが、このたび『ちくま学芸文庫』に収められるにあたって、できる限り訳文を再検討し、不適切と思われる用語や語句を改めたのみならず、総体的に日本語として読みやすくなるよう改良に努めた。相当程度手を加えたので、改訳に近いと言ってもよいだろう。それでも不十分な箇所はまだあるであろうし、読み込み不足のせいで思わぬ取り違えをしているところもあるかもしれない。忌憚のないご叱正、ご教示をいただいて、さらに改善していきたいと願っている。

私見では、本書はニーチェの『道徳の系譜学』の系統に連なる思想書であり、〈宗教〉をめぐる思索として、ある堅固な根本思想と独自の視角からの探究を徹底して貫いた論考であって、その思索と論理の展開に同意するところもあればまた異論を立てるところもあるであろうが、いずれにしてもある十分な手応えを感じる書物である。年来の愛読書である本書が、拙い訳文によるにせよもし読者諸氏に愛読していただけるならば、訳者としてそれに優る喜びはない。初版のおりは、人文書院の樋口至宏氏（当時）に万般にわたって御世話いただいた。今回『ちくま学芸文庫』に収録されるに際しては、筑摩書房の渡辺英明氏から同じようにゆきとどいた御配慮を賜わった。録して、心より感謝申し上げる。

二〇〇二年一〇月初旬

湯浅博雄

本書は一九八五年六月十日、人文書院より刊行されたものに全面的に手を入れたものである。

「ヒューマニズム」について

M・ハイデッガー
渡邊二郎訳

『存在と時間』から二〇年、沈黙を破った哲学者の後期の思想の精髄。「人間」ではなく「存在の真理」の思索を促す、書簡体による存在論入門。

ドストエフスキーの詩学

ミハイル・バフチン
望月哲男／鈴木淳一訳

ドストエフスキーの画期性とは何か？《ポリフォニー論》と《カーニバル論》という、魅力にみちた二視点を提起した先駆的著作。（望月哲男）

表徴の帝国

ロラン・バルト
宗左近訳

「日本」の風物・慣習に感嘆しつつもそれらを〈零度〉に解体し、詩的素材としてエクリチュールとシーニュについての思想を展開させたエッセイ集。

エッフェル塔

ロラン・バルト
宗左近／諸田和治訳
伊藤俊治図版監修

塔によって触発される表徴を次々に展開させることで、その創造力を自在に操る、バルト独自の構造主義的思考の原形。解説・貴重図版多数併載。

エクリチュールの零度

ロラン・バルト
森本和夫／林好雄訳註

哲学・文学・言語学など、現代思想の幅広い分野に怖るべき影響を与え続けているバルトの理論的主著。詳註を付した新訳決定版。（林好雄）

映像の修辞学

ロラン・バルト
蓮實重彦／杉本紀子訳

イメージは意味の極限である。広告写真や報道写真、そして映画におけるメッセージの記号を読み解き、意味を探り、自在に語る魅惑の映像論集。

ロラン・バルト モード論集

ロラン・バルト
山田登世子編訳

エスプリの弾けるエッセイから、初期の金字塔『モードの体系』に至る記号学的モード研究まで。初期のバルトの才気が光るモード論考集。オリジナル編集・新訳。

呪われた部分

ジョルジュ・バタイユ
酒井健訳

「蕩尽」こそが人間の生の本来的目的である！思想界を震撼させ続けたバタイユの主著、45年ぶりの待望の新訳。沸騰する生と意識の覚醒へ！

エロティシズム

ジョルジュ・バタイユ
酒井健訳

人間存在の根源的な謎を、鋭角で明晰な論理で解き明かす、バタイユ思想の核心。禁忌とは、侵犯とは何か？待望久しかった新訳決定版。

宗教の理論　ジョルジュ・バタイユ　湯浅博雄訳
聖なるものの誕生から衰滅までをつきつめ、宗教の根源的核心に迫る。文学、芸術、哲学、そして人間にとって宗教の〈理論〉とは何なのか。

純然たる幸福　ジョルジュ・バタイユ　酒井健編訳
著者の思想の核心をなす重要論考20篇を収録。文庫化にあたり「クレー」「ヘーゲル弁証法の基底への批判」「シャプサルによるインタビュー」を増補。

エロティシズムの歴史　ジョルジュ・バタイユ　湯浅博雄／中地義和訳
三部作として構想された『呪われた部分』の第二部。荒々しい力〈性〉の禁忌に迫り、エロティシズムの本質を暴く、バタイユの真骨頂たる一冊。（吉本隆明）

エロスの涙　ジョルジュ・バタイユ　森本和夫訳
エロティシズムは禁忌と侵犯の中にこそあり、それは死と切り離すことができない。二百数十点の図版で構成されたバタイユの遺著。（林好雄）

呪われた部分　有用性の限界　ジョルジュ・バタイユ　中山元訳
『呪われた部分』草稿、アフォリズム、ノートなど15年にわたり書き残した断片。バタイユの思想体系の全体像と精髄を浮き彫りにする待望の新訳。

ニーチェ覚書　ジョルジュ・バタイユ編著　酒井健訳
バタイユが独自の視点で編んだニーチェ箴言集。ニーチェを深く読み直す営みから生まれた本書には二人の思想が相響きあっている。詳細な訳者解説付き。

入門経済思想史　世俗の思想家たち　R・L・ハイルブローナー　八木甫ほか訳
何が経済を動かしているのか。スミスからマルクス、ケインズ、シュンペーターまで、経済思想の巨人たちのヴィジョンを追う名著の最新版訳。

分析哲学を知るための　哲学の小さな学校　ジョン・パスモア　大島保彦／高橋久一郎訳
数々の名テキストで哲学ファンを魅了してきた分析哲学界の重鎮が、現代哲学を総ざらい！　思考や議論の技を磨きつつ、哲学史を学べる便利な一冊。

表現と介入　イアン・ハッキング　渡辺博訳
科学にとって「在る」とは何か？　科学は真理を捉えられるのか？　現代哲学の鬼才が20世紀を揺るがした問いの数々に鋭く切り込む！　（戸田山和久）

社会学への招待
ピーター・L・バーガー
水野節夫／村山研一訳
社会学とは、「当たり前」とされてきた物事をあえて疑い、その背後に隠された謎を探求しようとする営みである。長年親しまれてきた大定番の入門書。

聖なる天蓋
ピーター・L・バーガー
薗田稔訳
全ての社会は自らを究極的に審級する象徴の体系、「聖なる天蓋」をもつ。宗教について理論・歴史の両面から新たな理解をもたらした古典的名著。

人知原理論
ジョージ・バークリー
宮武昭訳
「物質」なるものなど存在しない――。バークリーの思想的核心が、平明このうえない訳文と懇切丁寧な注釈により明らかとなる。主著、待望の新訳。

デリダ
ジェフ・コリンズ
鈴木圭介訳
「脱構築」「差延」の概念で知られるデリダ。現代思想に偉大な軌跡を残したその思想をわかりやすくビジュアルに紹介。丁寧な年表、書誌を付す。

ビギナーズ 哲学
デイヴ・ロビンソン文
ジュディ・グローヴズ画
鬼澤忍訳
初期ギリシャからポストモダンまで。社会思想や科学哲学も射程に入れ、哲学史を見通すビジュアルガイド。哲学が扱ってきた問題が浮き彫りになる！

ビギナーズ 倫理学
デイヴ・ロビンソン文
クリス・ギャラット画
鬼澤忍訳
正義とは何か？　なぜ善良な人間であるべきか？　倫理学の重要論点を見事に整理した、道徳的カオスの中を生き抜くためのビジュアル・ブック。

ビギナーズ『資本論』
マイケル・ウェイン
チェ・スンギョン画
鈴木直監訳　長谷澪訳
『資本論』は今も新しい古典だ！　むずかしい議論や概念を、具体的な事実や例を通してわかりやすく読み解き、今読まれるべき側面を活写する。（鈴木直）

宗教の哲学
ジョン・ヒック
間瀬啓允／稲垣久和訳
古今東西の宗教の多様性と普遍性は、究極的実在に対する様々に異なるアプローチであり応答である。「宗教的多元主義」の立場から行う哲学的考察。

自我論集
ジークムント・フロイト
竹田青嗣編
中山元訳
フロイト心理学の中心、「自我」理論の展開をたどる新編・新訳のアンソロジー。「快感原則の彼岸」「自我とエス」など八本の主要論文を収録。

明かしえぬ共同体

モーリス・ブランショ
西谷　修　訳

G・バタイユが孤独な内的体験のうちに失うという形で見出した〈共同体〉。そして、M・デュラスが描いた奇妙な男女の不可能な愛の〈共同体〉。

フーコー・コレクション（全6巻＋ガイドブック）

ミシェル・フーコー
小林康夫／石田英敬／松浦寿輝編

20世紀最大の思想家フーコーの活動を網羅した『ミシェル・フーコー思考集成』。その多岐にわたる思考のエッセンスをテーマ別に集約する。

フーコー・コレクション1　狂気・理性

ミシェル・フーコー
小林康夫／石田英敬／松浦寿輝編

第1巻は、西欧の理性がいかに狂気を切りわけてきたかという最初期の問題系をテーマとする諸論考。〝心理学者〟としての顔に迫る。（小林康夫）

フーコー・コレクション2　文学・侵犯

ミシェル・フーコー
小林康夫／石田英敬／松浦寿輝編

狂気と表裏をなす「不在」の経験として、文学がフーコーによって読み解かれる。人間の境界＝極限を、その言語活動に探る文学論。（小林康夫）

フーコー・コレクション3　言説・表象

ミシェル・フーコー
小林康夫／石田英敬／松浦寿輝編

ディスクール分析を通しフーコー思想の重要概念も精緻化されていく。『言葉と物』から『知の考古学』へ研ぎ澄まされる方法論。（松浦寿輝）

フーコー・コレクション4　権力・監禁

ミシェル・フーコー
小林康夫／石田英敬／松浦寿輝編

政治への参加とともに、フーコーの主題として「権力」の問題が急浮上する。規律社会に張り巡らされた巧妙なるメカニズムを解明する。（松浦寿輝）

フーコー・コレクション5　性・真理

ミシェル・フーコー
小林康夫／石田英敬／松浦寿輝編

どのようにして、人間の真理が〈性〉にあるとされてきたのか。欲望的主体の系譜を遡り、「自己の技法」の主題へと繋がる論考群。（石田英敬）

フーコー・コレクション6　生政治・統治

ミシェル・フーコー
小林康夫／石田英敬／松浦寿輝編

西洋近代の政治機構を、領土・人口・治安など、権力論から再定義する。近年明らかにされてきたフーコー最晩年の問題群を読む。（石田英敬）

フーコー・ガイドブック

ミシェル・フーコー
小林康夫／石田英敬／松浦寿輝編

20世紀の知の巨人フーコーは何を考えたのか。主要著作の内容紹介・本人による講義要旨・詳細な年譜で、その思考の全貌を一冊に完全集約！

マネの絵画
ミシェル・フーコー
阿部崇 訳

19世紀美術史にマネがもたらした絵画表象のテクニックとモードの変革を、13枚の絵で読解。フーコーの伝説的講演録に没後のシンポジウムを併録。

間主観性の現象学 その方法
エトムント・フッサール
浜渦辰二／山口一郎監訳

主観や客観、観念論や唯物論を超えて「現象」そのものを解明したフッサール現象学の中心課題。現代哲学の大きな潮流「他者」論の成立を促す。本邦初訳。

間主観性の現象学II その展開
エトムント・フッサール
浜渦辰二／山口一郎監訳

フッサール現象学のメインテーマ第II巻。自他の身体の構成から人格的生の精神共同体までを分析し、真の関係性を喪失した孤立する実存の限界を克服。

間主観性の現象学III その行方
エトムント・フッサール
浜渦辰二／山口一郎監訳

間主観性をめぐる方法、展開をへて、その究極の目的（行方）が、真の人間性の実現に向けた普遍的目的論として呈示される。壮大な構想の完結篇。

内的時間意識の現象学
エトムント・フッサール
谷徹 訳

時間は意識のなかでどのように構成されるのか。哲学・思想・科学に大きな影響を及ぼしている名著の新訳。詳密な訳注を付し、初学者の理解を助ける。

リベラリズムとは何か
マイケル・フリーデン
山岡龍一監訳
寺尾範野／森達也訳

政治思想上の最重要概念でありながら、どこか曖昧でつかみどころのないリベラリズム。その核心をこのうえなく明快に説く最良の入門書。本邦初訳。

風土の日本
オギュスタン・ベルク
篠田勝英 訳

自然を神の高みに置く一方、無謀な自然破壊をする日本人の風土とは何か？ フランス日本学の第一人者による画期的な文化・自然論。（坂部恵）

ベンヤミン・コレクション1
ヴァルター・ベンヤミン
浅井健二郎編訳
久保哲司 訳

ゲーテ『親和力』論、アレゴリー論からボードレール論を経て複製芸術論まで、ベンヤミンにおける近代の意味を問い直す、新訳のアンソロジー。

ベンヤミン・コレクション2
ヴァルター・ベンヤミン
浅井健二郎編訳
三宅晶子ほか訳

中断と飛躍を恐れぬ思考のリズム、巧みに布置された理念やイメージ。手仕事的細部に感応するエッセイの思想の新編・新訳アンソロジー、第二集。

ベンヤミン・コレクション3
ヴァルター・ベンヤミン 浅井健二郎編訳 久保 哲 司訳
過去／現在を思いだすこと――独自の歴史意識に貫かれた《想起》実践の各篇「一方通行路」「ドイツの人びと」「ベルリンの幼年時代」などを収録。

ベンヤミン・コレクション4
ヴァルター・ベンヤミン 浅井健二郎編訳 土合文夫ほか訳
〈批評の瞬間〉における直観の内容をきわめて構成的に叙述したベンヤミンの諸論考――初期の哲学的思索から同時代批評まで――を新訳で集成。

ベンヤミン・コレクション5
ヴァルター・ベンヤミン 浅井健二郎編訳 土合文夫ほか訳
文学、絵画、宗教、映画――主著と響き合い、新たな光を投げかけるベンヤミン〈思考〉の断片を立体的に集成。新編・新訳アンソロジー、待望の第五弾。

ベンヤミン・コレクション6
ヴァルター・ベンヤミン 浅井健二郎編訳 久保哲司ほか訳
ソネット、未完の幻想小説風短編など、ベンヤミンの知られざる創作世界を収録。『パサージュ論』成立の背後を明かすメモ群が注目の待望の第六弾。

ベンヤミン・コレクション7
ヴァルター・ベンヤミン 浅井健二郎編訳
文人たちとの対話を記録した日記、若き日の履歴書、死を覚悟して友人たちに送った手紙――20世紀を代表する評論家の個人史から激動の時代精神を読む。

ドイツ悲劇の根源（上）
ヴァルター・ベンヤミン 浅井健二郎訳
〈根源〉へのまなざしが、〈ドイツ・バロック悲劇〉という天窓を通して見る、存在と歴史の〈星座〉（状況布置）。ベンヤミンの主著の新訳決定版。

ドイツ悲劇の根源（下）
ヴァルター・ベンヤミン 浅井健二郎訳
上巻「認識批判的序章」「バロック悲劇とギリシア悲劇」に続けて、下巻は「アレゴリーとバロック悲劇」に、関連の参考論文を付して、新編でおくる。

パリ論／ボードレール論集成
ヴァルター・ベンヤミン 浅井健二郎編訳 久保哲司／土合文夫訳
『パサージュ論』を構想する中で書きとめられた膨大な覚書を中心に、パリをめぐる考察を一冊に凝縮。ベンヤミンの思考の核を明かす貴重な論考集。

意識に直接与えられたものについての試論
アンリ・ベルクソン 合田正人／平井靖史訳
強度が孕む〈質的差異〉、自我の内なる〈多様性〉からこそ、自由な行為は発露する。後に『時間と自由』の名で知られるベルクソンの第一主著。新訳。

物質と記憶
アンリ・ベルクソン
合田正人／松本力訳
観念論と実在論の狭間でイマージュへと焦点があてられる。心脳問題への関心の中で、今日さらに重要性が高まる、フランス現象学の先駆的著書。

創造的進化
アンリ・ベルクソン
合田正人／松井久訳
生命そして宇宙は「エラン・ヴィタル」を起爆力に、自由な変形を重ねて進化してきた——。生命概念を刷新したベルクソン思想の集大成的主著。

道徳と宗教の二つの源泉
アンリ・ベルクソン
合田正人／小野浩太郎訳
閉じた道徳／開かれた道徳、静的宗教／動的宗教への洞察から、個人のエネルギーが人類全体の倫理的行為へ向かう可能性を問う。最後の哲学的主著新訳。

笑い
アンリ・ベルクソン
合田正人／平賀裕貴訳
「おかしみ」の根底には何があるのか。主要四著作に続き、多くの読者に読みつがれてきた本著作の最新訳。主要著作との関連も俯瞰した充実の解説付。

精神現象学(上)
G・W・F・ヘーゲル
熊野純彦訳
人間精神が、感覚的経験という低次の段階から「絶対知」へと至るまでの壮大な遍歴を描いた不朽の名著。平明かつ流麗な文体による決定版新訳。

精神現象学(下)
G・W・F・ヘーゲル
熊野純彦訳
人類知の全貌を綴った哲学史上の一大傑作。四つの原典との頁対応を付し、著名な格言を採録した索引を巻末に収録。従来の解釈の遥か先へ読者を導く。

象徴交換と死
J・ボードリヤール
今村仁司／塚原史訳
すべてがシミュレーションと化した高度資本主義像を鮮やかに提示し、〈死の象徴交換〉による、その内部からの〈反乱〉を説く、ポストモダンの代表作。

永遠の歴史
J・L・ボルヘス
土岐恒二訳
巨人ボルヘスの時間論を中心とした哲学的エッセイ集。宇宙を支配する円環的時間を古今の厖大な書物に分け入って論じ、その思想の根源を示す。

経済の文明史
カール・ポランニー
玉野井芳郎ほか訳
市場経済社会は人類史上極めて特殊な制度的所産である——非市場社会の考察を通じて経済人類学に大転換をもたらした古典的名著。（佐藤光）

暗黙知の次元
マイケル・ポランニー
高橋勇夫訳
非言語的で包括的なもうひとつの知。創造的な科学活動にとって重要な〈暗黙知〉の構造を明らかにしつつ、人間と科学の本質に迫る。新訳。

現代という時代の気質
エリック・ホッファー
柄谷行人訳
群れず、熱狂に翻弄されることなく、しかし自分自身の内にこもることなしに、人々と歩み、権力と向きあっていく姿勢を、省察の人・ホッファーに学ぶ。

知恵の樹
H・マトゥラーナ／F・バレーラ
管啓次郎訳
生命を制御対象ではなく自律主体とし、自己創出を良き環と捉え直した新しい生物学。現代思想に影響を与えたオートポイエーシス理論の入門書。

社会学的想像力
C・ライト・ミルズ
伊奈正人／中村好孝訳
なぜ社会学を学ぶのか。抽象的な理論や微細な調査に明け暮れる現状を批判し、個人と社会を架橋する学という原点から問い直す重要古典、待望の新訳。

パワー・エリート
C・ライト・ミルズ
鵜飼信成／綿貫譲治訳
エリート層に権力が集中し、相互連結しつつ大衆社会を支配する構図を詳細に分析。世界中で読まれる階級論・格差論の古典的必読書。（伊奈正人）

メルロ＝ポンティ・コレクション
モーリス・メルロ＝ポンティ
中山元編訳
意識の本性を探究し、生活世界の現象学的記述を実存主義的に企てたメルロ＝ポンティ。その思想の粋を厳選して編んだ入門のためのアンソロジー。

知覚の哲学
モーリス・メルロ＝ポンティ
菅野盾樹訳
時代の動きと同時に、哲学自体も大きく転身した。それまでの存在論の転回を促したメルロ＝ポンティ哲学と現代哲学の核心を自ら語る。

精選 シーニュ
モーリス・メルロ＝ポンティ
廣瀬浩司編訳
メルロ＝ポンティの代表的論集『シーニュ』より重要論考のみを厳選し、新訳。精確かつ平明な訳文と懇切な注釈により、その真価が明らかとなる。

われわれの戦争責任について
カール・ヤスパース
橋本文夫訳
時の政権に抗いながらも「侵略国の国民」となってしまった人間は、いったいにどう戦争の罪と向き合えばよいのか。戦争責任論不朽の名著。（加藤典洋）

レヴィナス・コレクション
エマニュエル・レヴィナス
合田正人編訳

存在と暴力について、独創的な倫理にもとづく存在論哲学を展開し、現代思想に大きな影響を与えているレヴィナス思想の歩みを集大成。

実存から実存者へ
エマニュエル・レヴィナス
西谷修訳

世界の内に生きて「ある」とはどういうことか。存在は「悪」なのか。初期の主著にしてアウシュヴィッツ以後の哲学的思索の極北を示す記念碑的著作。

倫理と無限
エマニュエル・レヴィナス
西山雄二訳

自らの思想の形成と発展を、代表的著作にふれながら語ったインタビュー。平易な語り口で、自身によるレヴィナス思想の解説とも言える魅力的な一冊。

仮面の道
C・レヴィ゠ストロース
山口昌男／渡辺守章／渡辺公三訳

北太平洋西岸の原住民が伝承する仮面。そこに反映された神話世界を、構造人類学のラディカルな理論で切りひらいて見せる。増補版を元にした完全版。

黙示録論
D・H・ロレンス
福田恆存訳

抑圧が生んだ歪んだ自尊と復讐の書「黙示録」を読みとき、現代人が他者を愛することの困難とその克服を切実に問うた20世紀の名著。（髙橋英夫）

考える力をつける哲学問題集
スティーブン・ロー
中山元訳

宇宙はどうなっているのか？ 心とは何か？ 遺伝子操作は許されるのか？ 多彩な問いを通し、「哲学する」技術と魅力を堪能できる対話集。

プラグマティズムの帰結
リチャード・ローティ
室井尚ほか訳

真理への到達という認識論的欲求と、その呪縛からの脱却を模索したプラグマティズムの系譜。その戦いを経て、哲学に何ができるのか？ 鋭く迫る！

知性の正しい導き方
ジョン・ロック
下川潔訳

自分の頭で考えることはなぜ難しく、どうすればその困難を克服できるのか。近代を代表する思想家が、誰にでも実践可能な道筋を具体的に伝授する。

ニーチェを知る事典
渡邊二郎
西尾幹二編

50人以上の錚々たる執筆者による「読むニーチェ事典」。彼の思想の深淵と多面的世界を様々な角度から描き出す。巻末に読書案内（清水真木）を増補。

概念と歴史がわかる 西洋哲学小事典　生松敬三／木田元／伊東俊太郎／岩田靖夫編

各分野を代表する大物が解説する、ホンモノかつコンパクトな哲学事典。教養を身につけたい人、議論したい人、レポート執筆時に必携の便利な一冊！

命題コレクション 哲学　坂部恵 加藤尚武 編

ソクラテスからデリダまで古今の哲学者52名の思想について、日本の研究者がひとつの言葉（命題）を引用しながら丁寧に解説する。

命題コレクション 社会学　作田啓一 井上俊 編

社会学の生命がかよう具体的な内容を、各分野の第一人者が簡潔かつ読んで面白い48の命題の形で提示した、定評ある社会学辞典。（近森高明）

柳宗悦　阿満利麿

私財をなげうってまで美しいものの蒐集に奔走した柳宗悦。それほどに柳を駆り立てたのは、美が宗教的救済をもたらすという確信だった。（鈴木照雄）

論証のレトリック　浅野楢英

議論に説得力を持たせる術は古代ギリシアの賢人に学べ！ アリストテレスらのレトリック理論をもとに、論証の基本的な型を紹介する。（納富信留）

貨幣論　岩井克人

貨幣とは何か？ おびただしい解答があるこの命題に、『資本論』を批判的に解読することにより最終解答を与えようとするスリリングな論考。

二十一世紀の資本主義論　岩井克人

市場経済にとっての真の危機、それは「ハイパー・インフレーション」である。21世紀の資本主義のゆくえ、市民社会のありかたを問う先鋭的論考。

増補 ソクラテス　岩田靖夫

ソクラテス哲学の核心には「無知の自覚」と倫理的信念に基づく「反駁的対話」がある。その意味と構造を読み解き、西洋哲学の起源に迫る最良の入門書。

英米哲学史講義　一ノ瀬正樹

ロックやヒュームらの経験論は、いかにして功利主義、プラグマティズム、そして現代の正義論や分析哲学へと連なるのか。その歴史的展開を一望する。

規則と意味のパラドックス　飯田隆

言葉が意味をもつとはどういうことか？ 言語哲学の難題に第一人者が挑み、切れ味抜群の議論で哲学的に思考することの楽しみへと誘う。

スピノザ『神学政治論』を読む　上野修

聖書の信仰と理性の自由は果たして両立できるか。スピノザはこの難問を、大いなる逆説をもって考え抜いた。『神学政治論』の謎をあざやかに読み解く。

倫理学入門　宇都宮芳明

倫理学こそ哲学の中核をなす学問だ。カント研究の大家が、古代ギリシアから始まるその歩みを三つの潮流に大別し、簡明に解説する。（三重野清顕）

知の構築とその呪縛　大森荘蔵

西欧近代の科学革命を精査することによって、二元論による世界の死物化という近代科学の陥穽を克服する方途を探る。（野家啓一）

物と心　大森荘蔵

対象と表象、物と心との二元論を拒否し、全体としての立ち現われが直にあるとの「立ち現われ一元論」を提起した、大森哲学の神髄たる名著。（青山拓央）

思考と論理　大森荘蔵

人間にとって「考える」とはどういうことか？ 日本を代表する哲学者が論理学の基礎と、自分の頭で考える力を完全伝授する珠玉の入門書。（野家啓一）

歴史・科学・現代　加藤周一

知の巨人が、丸山真男、湯川秀樹、サルトルをはじめとする各界の第一人者とともに、戦後日本の思想と文化を縦横に語り合う。（鷲巣力）

『日本文学史序説』補講　加藤周一

文学とは何か、〈日本的〉とはどういうことか、不朽の名著について、著者自らが縦横に語った講義録。大江健三郎氏らによる「もう一つの補講」を増補。

沈黙の宗教——儒教　加地伸行

日本人の死生観の深層には生命の連続を重視する儒教がある。墓や位牌、祖先祭祀などの機能と構造や歴史を読み解き、儒教の現代性を解き明かす。

ちくま学芸文庫

宗教《しゅうきょう》の理論《りろん》

二〇〇二年十一月六日　第一刷発行
二〇二一年十一月五日　第八刷発行

著者　ジョルジュ・バタイユ
訳者　湯浅博雄（ゆあさ・ひろお）
発行者　喜入冬子
発行所　株式会社　筑摩書房
東京都台東区蔵前二―五―三　〒一一一―八七五五
電話番号　〇三―五六八七―二六〇一（代表）
装幀者　安野光雅
印刷所　株式会社精興社
製本所　株式会社積信堂

ISBN978-4-480-08697-6 C0114